生 活 數 理 學

생활 수리학

— 生活 數理學 —

생활 수리학

侑琳 강경옥 지음

도서
출판 선영사

책머리에

하늘에는 미루어 생각할 수 없는 풍운의 조화가 있고, 인간에게는 조석(朝夕)으로 변화하는 복록(福祿)과 재화(災禍)가 있다. 그러나 평범한 인간의 능력으로는 생각할 틈도 없이 다르게 변하는 기상의 천재 이변과 예측하기 어려운 인간들의 길흉화복(吉凶禍福)을 헤아릴 수 없다. 물론 예로부터 천문학이 있어 비바람과 구름의 측정하기 어려운 변화를 가늠했고, 음양오행이 있어 인간의 길흉화복을 유추해 왔으므로 이 학문만 통하면 화복(禍福)의 궁통(窮通)을 알 수 있겠으나, 그 참뜻을 이해하기가 어찌 쉬운 일이겠는가!

운명을 대처하는 마음의 자세

우리는 흔히 운명(運命)이란 말들을 한다. 그것은 인간의 의지와 상관없이 초인적인 위력에 의하여 지배되는, 신상에 닥치는 길흉화복이다. 우리가 인생을 살다 보면 숱한 우여곡절을 겪게 되고, 뜻하지 않은 일도 당하며, 서로의 인과성(因果性)이 얽히고 설켜 상상하지 못한 결과를 초래하기도 하고, 원인을 규명할 수 없는 일들이 벌어지곤 한다. 이와 같은 일들이 이어지면서 뜻밖의 행운을 얻어 출세도 하고, 뜻밖의 횡액(橫厄)

을 만나 가산을 탕진하며, 비명횡사할 수도 있다. 따라서 마음속에 품은 뜻이든 아니든 결과를 막론하고 행복과 불행, 성패와 희비에 결정적인 영향을 미치게 하는 모든 것들을 포함한 결과를 운명이라 말할 수 있다.

그러면 이러한 불가사의한 운명을 바꿀 수는 없는 것인가? 그것은 인간 만사가 제가 할 나름이면 남이 할 수 있는 일도 자신이 할 수 있고, 남이 누리는 부귀영화를 그 사람같이 처신한다면 자신도 누릴 수 있어야 한다. 하지만 그렇지 못하다. 그 일은 그 사람만이 할 수 있고, 나의 일은 나만이 할 수 있을 뿐이다. 그러므로 모든 것을 운명으로만 돌리지 말고, 어차피 태어난 세상 안에서 최선을 다하면 성공도 하고 화액(禍厄)도 면할 수 있다. 그러기에 진인사대천명이란 옛 성현의 말씀이 있지 않은가. 무슨 일이든 착수해서 최선을 다하면 결과는 노력하는 자의 것이 될 것이다.

사주(四柱)의 응용

우리가 원하든 원하지 않든 의식할 수 없는 무아적(無我的)인 상태에서 나타나는 현상을 운(運)이라고 하며, 팔자라고 부르기도 한다. 그러나 팔자 운운하다 보면 인간의 운명은 자신도 모르는 사이에 외길로 정해져 있어 어쩔 수 없다는 체념으로 흐르게 되고, 그것은 또 다른 부작용을 낳기도 한다. 그러나 어떠한 악운이 닥쳐도 빠져나갈 길은 반드시 있다. 이 점이 우리가 수리학(數理學)을 공부하는 이유이다.

사주는 사람이 태어난 연(年)·월(月)·일(日)·시(時)를 음양오행으로 표현한 것으로서 네 개의 기둥을 이루고 있어 사주라고 부르며, 전체의 글자가 여덟 자로 이루어져 팔자(八字:生年·生月·生日·生時)라고 부르기도 한다. 사람이 태어나서 죽을 때까지 긴 세월 동안 타고난 생년·생월·생일·생시의 힘에 의해 운명이 결정된다는 사실에 억울하게 생각하는 사람도 있을 것이다. 특히 좋은 사주를 타고 났다면 모르겠으나, 반대의 경우라면 도무지 믿고 싶지 않은 것이 인지상정이다. 그러나 저자의 수많은 경험상으로 볼 때 나쁜 사주는 없다고 말할 수 있다. 그 까닭은, 성공은 자신이 만들어 가는 것이기 때문이다. 인간은 태어난 환경과 살아가는 형태가 다르고 흥망성쇠가 다르기 때문에, 나는 상대방이 지닌 능력을 타고나지 못했으므로 그가 부러워도 그의 것을 취할 수 없고, 그도 내가 지닌 능력을 타고나지 못했으니 그가 나를 부러워해도 나의 것을 취할 수 없다. 즉, 사람마다 각자의 그릇이 있고 제각기 할일이 있으며, 자신의 능력에 따라서 모든 것을 선택할 수 있는 자유가 있다. 그러므로 사주팔자가 나쁘다고 체념하지 말고, 자신이 타고난 사주를 바로 알아 단점을 보완하고 장점을 살리면서 항상 몸과 마음을 수련하며, 인내하고 노력하는 자에게 대운(大運)은 따르는 것임을 명심해야 한다.

동양 철학의 수리론(數理論)

우주에서 삼라만상의 무궁한 변화를 일으키고 있는 것은 음(陰)과 양(陽)이라는 이질적인 두 기운이 지닌 역량의 작용으로 인하여 모순과 대립이 나타남으로써 일어나는 현상이다. 이와 같은 변화 작용을 할 수 있는 것은 그와 같이 추진하는 역원(力源)이 있기 때문이며, 이를 상(象)과 수(數)의 이치로서 드러내고 있다. 따라서 수는 계산을 위해서 인간이 임의로 만든 것이 아니고 수 자체가 진리이며 철학인 것이다. 그러므로 수가 나타내는 모든 상(象)은 허상이 아니고 실상이다. 다시 말하면, 만물은 그의 본질대로 상이 나타나고, 상에는 반드시 그 상의 내용을 대변하는 수가 있다는 것을 의미한다. 그렇다면 만물의 본질은 과연 무엇이며, 또한 어디에서 찾아낼 것인가? 물론 이것을 탐색하는 현실적인 목표는 사물 자체의 상에서 직접적으로 찾는 것이다. 그러나 그와 같은 진리를 얻기 위해서는 상수(象數)에서 찾는 방법부터 궁리해야 한다.

좀더 자세히 언급하면 하도(河圖)는 자연수가 통일하는 상(象)을 표현한 것이고, 낙서(洛書)는 자연수가 발전하는 상(象)을 나타내는 것이므로 여기에서 그의 산합(散合)하는 과정을 먼저 가늠해야 한다는 것이다.

하도와 낙서의 목적은 주역 8괘의 내원을 설명하는 데 있다. 즉, 괘상은 수(數)로부터 생겨난 것이므로 수가 없으면 주역의 괘상은 그 근본을 논할 수가 없다. 그래서 역경의 수리는 하도와 낙서에 포함돼 있으며, 그 수의 배열과 조합으로 4상(四相)과 8괘를 얻게 된다.

숫자와의 인과관계

숫자 1에서 부터 81수까지의 형성 과정은 음양오행의 근본적인 원리와 하도·낙서의 이치를 응용하여 이루어졌으며, 각각의 수는 그 수마다 운수의 길흉을 암시하고, 각 격의 배치와 상호 연결에 의해서 각종 변화를 일으킨다.

우리의 일상생활에서 수가 나타내는 물상은 무궁무진하다. 인생의 행로에서 수 라는 산법(算法)이 없다면 인간사의 흥망성쇠와 수요장단(壽

天長短)의 진위 여부는 헤아리기 어려울 것이다. 수를 셈법으로 논하면 수효가 많고 적음에 따라서 희비가 엇갈리는 경우가 있다. 예를 들면, 재산이나 수명·지위 등은 많을수록 좋은 것이고, 성적 순위나 서로 견주어 승부를 가리는 등수 등은 작은 수치일수록 좋다. 또한 세상사에서 미세한 숫자의 차이로 행운을 거머쥘 수 있고, 아주 작은 수치의 차이로써 행운을 놓치는 경우가 비일비재하다. 입학이나 자격 시험에서 일 점 차이로 합격의 여부가 결정되고, 입찰 경쟁이나 추첨에서 간발의 차이로 고배를 마시며, 선거나 각종 투표에서 작은 수의 차로써 당락이 결정되는 일이 허다하다.

이렇듯 수리의 활용은 서로의 영역과 공간을 구분 짓기 위한 방법이고, 인간이 사회 구조를 이루고 살아가는 데 없어서는 안 될 의사 표시의 수단이며, 서로간의 관계를 연결하는 매개체이다. 수에 능한 자가 세계를 지배하고, 수를 지배하는 나라가 세계를 제패할 수 있다. 수가 없이는 인간의 역사가 있을 수 없고, 문명과 과학의 발전을 이룰 수가 없는 것이다. 그러므로 각 개인에 있어서의 수란 숙명적이든, 운명적이든, 타의든, 자의든, 사회 구성원으로 적용되든, 본인이 정해서 쓰든 간에 불가분의 관계에 놓여 있다는 것을 누구도 부정할 수 없고, 또한 평생 자신의 수족처럼 붙어다니게 된다. 따라서 자신과 관련된 수리의 암시가 나쁘면 그 수가 가진 고유의 특성에 의해 일생 동안 수난과 고통이 잇따르게 된다.

그리하여 모든 사람들이 사용하고 있는 각종 숫자, 곧 집주소, 아파트의 층수, 호수, 회사나 집의 전화 번호, 주민등록 번호, 이름자의 획수, 은행 비밀 번호, 자동차 번호, 휴대폰 번호, 이메일 번호, 텔레뱅킹 번호, 호실 번호 등등은 자신의 운과 상생이 되는 번호를 소유해야만 생명력이 있는 기운이 발동하여 행운과 축복을 받을 수 있다. 근래의 언론 보도 내용을 보면, 중국과 홍콩 등지에서는 사람들이 숫자에 매우 큰 관심을 보여서 좋은 번호를 입찰제로 판매한 적이 있는데 휴대전화번호인 1333…, 즉 앞번호가 1이고 그 뒤로 3이 10개가 붙어 있어 총합수가 31인 번호가 중국에서 2억 5천만원에 경매 낙찰되었고, 홍콩에서는 자동차 번호가 1억 3천만원에 경매로 거래된 바가 있다고 보도 되고 있다.

그러나 바꾸고 싶어도 뜻대로 바꿀 수 없는 것이 타고난 연·월·일·시와 주민등록 번호로서, 이것을 선천운이라고 할 수 있다. 이따금 사주와 주민등록 번호가 나쁘면 인생을 그대로 살 수밖에 없지 않느냐는 질문을 받게 되는데, 그 답은 한 마디로 "아니올시다"이다. 물론 사주와 주민등록 번호가 나쁘면 그 결과는 어김없이 드러나지만, 이를 타개할 수 있는 고유 번호와 용신의 수를 함유한 배열된 수리를 도입함으로써 충분히 개선할 수 있기 때문에, 자신의 운명은 자신의 부단한 노력과 뜻을 이루려는 굳은 의지로써 반드시 개척할 수 있다고 생각한다. 이와 같은 방법을 후천의 노력이라고 한다.

독자 여러분도 이 같은 노력을 기울여서 고난과 역경을 이겨내고 반드시 성공하길 간절히 기원한다. 끝으로 감수에 도움을 주신 곽동훈 선생께 감사의 말씀을 드리고 출간에 많은 도움을 준 편집 주간 장상태님, 책임편집 김원석님, 디자인 정은영님등 출판사 관계자 여러분들에게도 감사의 말씀을 전한다.

유림미래상담소에서

강경옥 적음

차 례

제1장

역(易)이란 무엇인가

數理醫學

제1장

역(易)이란 무엇인가

:: 우주 생성의 원리 ::

우주에서 삼라만상(森羅萬象)이 무궁한 변화를 일으키고 있는 것은
음(陰)과 양(陽)이라는 이질적인 두 기운이 지닌 물리적 작용의 역량으
로 인하여 모순과 대립이 나타남으로써 일어나는 현상이다. 이와 같은
변화의 작용을 하지 않을 수 없는 것은 그와 같이 추진하는 역원(力源)
이 있기 때문이며, 바로 이것이 우주 생성의 본체인 것이다.

우주는 본래 지정지무(至靜至無)한 상태에서 생겨났다. 다시 언급하
면, 삼라만상을 장식하는 모든 유형의 물체는 그 시초부터 형태가 있었
던 것은 아니다. 최초의 우주는 적막하고 공허한 상태여서 어떠한 물체
도 없었다. 다만 연기(煙氣) 같기도 하면서 무엇이 있는 듯하기도 하고
없는 듯하기도 한 진공(眞空)의 상태였다. 이러한 상태를 무(無) 또는 무
극(無極)이라 한다.

무극은 천지창조의 본체인데, 이 무극의 본질인 무는 순수한 무가 아니고 상대적인 무로서 상(象)의 본질인 것이다. 그 상이라는 것은 비청비탁(非淸非濁)의 중심적 존재로서 형체를 이룰 수 있는 소질(素質)을 만드는 유무(有無)의 화합체(和合體)이다. 따라서 무극의 성질을 엄밀히 논하면 형의 분열이 극미세하게 분화되어 조금만 응고해지면 형이 될 수 있는 직전의 상태에 있었던 것이다.

　이 무극의 세월이 몇 수억 겁을 거치면서 비로소 일기(一氣)가 형성되었으며, 이 일기의 상태를 유(有)라고 할 수 있다. 이 유의 상태는 조화력이 있는 무극의 상태에서 더욱 진화하여 음·양의 기를 함께 포함해서 지니고 있었으나 이 유의 상태도 기만 있을 뿐 무나 다름없는 허공의 상태나 다를 바 없었으며, 다시 이 일기의 상태가 한층 더 진화하여 동질적인 분파 작용을 일으키면서 태극으로 변하게 된 것이다. 거기에서 태극은 자기 본체의 본성을 발휘하여 현실계의 모순·대립을 나타나게 되는 것이니, 이 작용을 음양작용(陰陽作用)이라고 한다.

　일기(一氣)에서 태극으로 진화한 상태는 음과 양의 기가 하나로 뭉쳐있는 음양 동정의 시대이며, 다시 우주의 운동은 무극에서 태극으로 불규칙적인 운율(韻律)로 팽창과 분열을 반복하면서, 태극은 양의(兩儀)로 화한다. 이 양의의 시대는 음과 양의 기가 뚜렷이 구분되어 생물이 생장할 수 있는 근간을 이루고 인식이 성립되며 이성을 창조하는 중대한 기반을 다지는 시기이다. 이와 같은 우주 운동이 시간적 발전을 거듭하면서 형상계가 세분화되는데, 그 세분화 작용이 극(極)에 이르는 과정을 황극이라고 한다. 다시 말하면 무극의 시기를 탈피하는 과정의 끝이 바로 황극인 것이다. 그러므로 만물은 태극에서 생화(生化)를 시작하고 황극에서 생장을 준비하는 것이다.

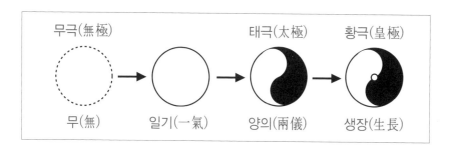

이와 같이 음양의 작용은 태극에 이르러서 기의 통일을 완수하고 황극의 길로 접어들게 된다. 즉, 무극이 일기로 화하고, 일기는 태극으로 분화하였으며, 다시 태극은 형(形)을 분산하여 물질을 생장시키면서 황극으로 향발하는 것이다. 그러나 음양운동의 정점인 황극과 무극의 차이는 실로 순간적인 간발의 차이이다. 따라서 우주에 만일 황극이 없었다면 무극을 창조할 수 없고, 무극이 없었다면 음양의 세계는 조화와 통일을 이룰 수 없게 된다. 그러므로 우주운동은 무극에서 태극으로 반복되는 일률일여(一律一呂)의 과정인 것이다.

그렇다면 우주의 본체가 어떠하기에 그와 같은 천재지변과 인간 만사의 화복이 쉴 새 없이 일어나고 모순과 투쟁이 판쳐야만 하는가? 바로 이 문제를 연구하는 것이 우리가 역을 깨치는 이유이다.

1. 역의 뜻

역(易)이란 글자는 도마뱀을 형상화한 문자로서, 상부의 日자는 머리 부분이고 하부의 勿자는 몸통과 다리를 나타내고 있다. 어느 종류의 도마뱀은 하루 열두 차례씩 때의 변화에 맞추어 몸의 색깔이 변한다는 데서 역이라는 글자가 변화한다는 의미를 지니게 되었으며, 문자의 뜻도 바뀔 역, 쉬울 이, 간편할 이라고 되어 있다. 그러니까 역이라는 것은 바뀌고 순환하는 원리라는 뜻이다.

해와 달은 뜨고 지며, 지구는 스스로 자전하고 태양 주위를 공전한다. 또, 봄·여름·가을·겨울이 오고 가면서 주기적으로 순환을 한다. 나무에 싹이 돋고 무성해지는가 하면, 가을이면 낙엽이 되었다가, 봄이면 다시 싹이 돋아난다. 사람 역시 매한가지이다. 태어나서 성장하고, 어른이 되어서는 자식을 낳고, 늙어서는 다시 흙으로 돌아간다. 이와 같이 시간과 공간 속에서 천변만화(千變萬化)하는 원리를 탐구하는 학문이 바로 역학이며 수리학의 근본이 된다.

2. 역의 기원

역의 뜻은 바뀌고 순환한다는 의미이다. 즉, 시간과 공간 속에서 천변만화하는 우주와 만물이 변화하는 원리를 탐구하는 원천이 바로 역인데, 우리가 흔히 들어서 알고 있는 주역(周易)의 약칭이기도 하지만 실상은 주역이 있기 전에 역이 있었다. 주역은 역의 원리를 구체화한 것이고,

역은 자연의 변화하는 법칙 그 자체인 것이다. 때문에 우주가 창시된 순간부터 역의 법칙이 있었으며, 주역은 우리 인류가 이미 글자를 사용하게 된 주(周)의 문왕(文王)과 주공(周公)에 의해 역의 원리를 문자로 나타낸 것이므로 주역이라 명칭한 것뿐이다. 그러므로 주역의 기원은 주나라 때보다 더 위로 거슬러올라가야 한다.

3. 역과 삼재(三才)

삼재란, 천·지·인(天·地·人)을 가리킨다. 곧, 하늘·땅·인간이 우주를 구성하는 가장 대표적인 요소이므로 삼재라 칭하는 것이다. 따라서 역은 우주 만물과 그 변화를 구성하는 천·지·인 삼재의 도에 바탕을 두고 있으며, 하늘·땅·인간의 기운이 상호 교감 작용을 끊임없이 순환하고 되풀이하는 것이 자연의 이치이다. 이러한 순환하는 과정을 64괘라는 부호로써 정리한 것이 주역이므로, 이 주역 안에 우주 삼라만상의 변화가 존재하는 것이다.

삼재라는 용어는 공자께서 음효와 양효가 삼중으로 중첩되어 쾌상을 이루는 이치를 깨닫고 계사전에 처음으로 운용하였는데, 우주 만물을 이루는 음양 이론의 가장 근본이 되는 것은 천도(天道)이고, 다음 음양의 형체를 직접 나타내는 것이 지도(地道)이며, 천도와 지도 사이에서 생명체(온갖 만물)로 자리하는 것이 인도(人道)이다. 즉, 하늘이 운행을 하면 이의 순리에 따라 땅이 생장과 수장을 반복하면서 만물을 길러내고 간직하는 이치를 삼재에 비유한 것이다.

4. 역과 사의(四儀)

사의란, 변역(變易)·교역(交易)·불역(不易)·간역(簡易)을 말한다. 인간 만사의 길흉화복·생로병사·부귀빈천 등은 그 변화가 무궁하여 잠시도 정지함이 없으므로 역은 변역이고, 우주 내의 모든 만물은 서로 소통하는 원리가 있으므로 교역이며, 이와 같이 변화하는 자연 현상 가운데 구격이 있는 질서와 불변의 법칙이 있으므로 불역이고, 변역·교역·불역하는 이치는 인간의 힘으로 이룬 것이 아닌 당연한 자연의 섭리이므로 간역이라고 한다.

다시 말하면, 인간만사의 천변만화하는 이치는 변역에 담을 수 있고, 만물의 순환하는 이치는 교역으로 접응할 수 있으며, 항구불변하는 이치는 불역으로 정리할 수 있고, 단순하게 일을 시작하고 끝낼 수 있으므로 간역으로 대변할 수 있으니, 역은 변역·교역·불역·간역의 이치로써 우주의 삼라만상의 변화에 순응할 수 있는 것이다.

제2장

역의 발전

數理醫學

역의 발전

우주가 열린 순간부터 역의 법칙은 있었으며, 간괘(艮卦)로 시작되는 연산역(連山易), 곤괘로(坤卦)로 시작되는 귀장역(歸葬易), 건괘(乾卦)로 시작되는 주역, 이렇게 3역이 있었는데, 모두 8괘로 64괘를 이루었다고 한다. 그러나 지금은 주역만이 전해지고 있다.

지금으로부터 약 5천 년 전 중국 고대의 삼황(三皇:헌원씨·신농씨·복희씨)의 한 사람인 복희씨(伏羲氏)가 천하를 다스릴 때 하수(지금의 황하강 유역)에 나타난 용마(龍馬:머리는 용이고 몸은 말의 형상을 한 신비스러운 동물)의 등에 있는 55개의 점(인간의 머리에 있는 가마처럼 소용돌이치는 무늬)을 보고 우주 만물의 생성 이치를 깨달아 천체(天體)와 지구(地球)와 인간(人間), 즉 천지인(天地人) 삼재(三才)의 도를 문양으로 형상화하여 복희팔괘를 만들었다. 이것이 바로 복희씨의 선천팔괘(先天八卦)이며, 주역 팔괘의 시초이다.

1. 하도(河圖)

복희씨가 세상을 다스릴 때 황하 하수(黃河 河數)에 나타난 용마에 그려져 있는 무늬를 보고 천지 창조와 음양오행 간의 무한대로 순환되는 상생(相生)에 대한 이치에 대하여 깨달음을 상징하는 그림이다. 용마의 등에 있는 55개의 점을 보고 뜻을 얻었다 하여 하도, 용마하도(龍馬河圖), 또는 선천도(先天圖)라 한다.

하도

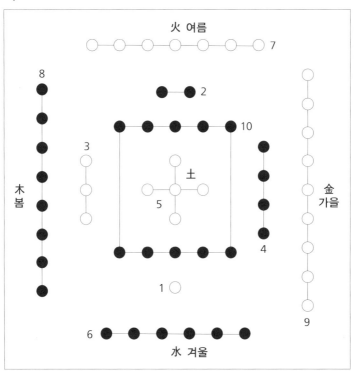

1) 복희선천팔괘(伏羲先天八卦)

복희씨가 하도를 근거로 하여 팔괘를 그린 것이며, 우주 삼라만상의 근원 및 본체를 상징하므로 선천팔괘라고 한다.

복희선천팔괘 방위도

건(乾) ☰은 하늘(天)이고 남(南)을 뜻하며, 곤(坤) ☷은 땅이고 북(北)을 뜻한다. 이(離) ☲는 해(日)이고 동(東)을 뜻하며, 감(坎) ☵은 달(月)이고 서(西)를 뜻한다. 이와 같은 방위를 뜻하는 건·곤·감·리를 사정

(四正)이라 한다.

간(艮) ☶은 산(山)이고 서북(西北)을 의미하며, 태(兌) ☱는 연못(澤)이고 동남(東南)을 의미한다. 손(巽) ☴은 바람(風)이고 서남(西南)을 의미하며, 진(震) ☳은 우레(雷)이고 동북(東北)을 의미한다. 이와 같은 방위를 의미하는 간·태·손·진을 사유(四維)라고 한다.

그후 삼황의 한 사람인 신농씨(神農氏)가 이를 이어받아 농사 짓는 법과 백초(白草)를 맛보아 의약(醫藥)을 처음으로 창안하였다. 이때 사용한 역을 연산역(連山易)이라 칭한다.

2) 육갑(六甲)

신농씨 다음 황제인 훤원씨(B.C. 2600년경)는 육갑을 창안해 사용하기 시작했으니, 이때는 이미 문자가 쓰이고 있었음을 알 수 있다. 그리고 황제(黃帝)만 하더라도 우리에게 생소하지 않다. 수리학의 원조인 육갑법을 만들었을 뿐만 아니라, 그가 썼다는 《황제내경(黃帝內經)》은 의서(醫書) 및 음양술서(陰陽術書)로서 지금까지 전해지고 있기 때문이다. 또 황제가 소녀(素女)와 주고받았다는 《소녀경(素女經)》은 방중술(房中術)로도 유명하다. 이때 사용한 역을 귀장역(歸葬易)이라 한다.

2. 낙서(洛書)

황제로부터 약 400년 뒤인 B.C.2200년경 하(夏)나라 우(禹)임금 때 신구(神龜)가 낙수(洛水:황하의 지류)라는 물 속에서 등에다 45개의 점이 그려진 그림을 지고 나왔는데, 이 거북 등의 그림을 가리켜 신구낙서 혹은 낙서(洛書)라 하고 후천지도(後天之圖)라고도 한다. 이 하나의 시조인 하우씨(夏禹氏)는 이 낙서의 신묘한 이치와 의(義)를 터득하고 구성팔문(九星八門)을 정립해서 그 당시 범람하던 홍수(洪水)의 피해를 막아내는 등 치적(治積)이 많았다고 한다. 그리고 기자(箕子)는 이를 본받아 홍범구주(洪範九疇)라는 법제를 만들어 임금이 나라를 다스리는 법을 비롯하여 일반 백성들의 흉액을 피하고 복을 불러들일 수 있는 방법까지 가르쳤다.

3. 하도와 낙서의 비교

하도는 오행이 상생하는 이치인 데 반해, 낙서는 오행이 상극하는 이치가 나타난다. 또한 낙서의 수리를 후천수라고도 하며, 이것을 그림으로 표현하면 다음과 같다.

낙서

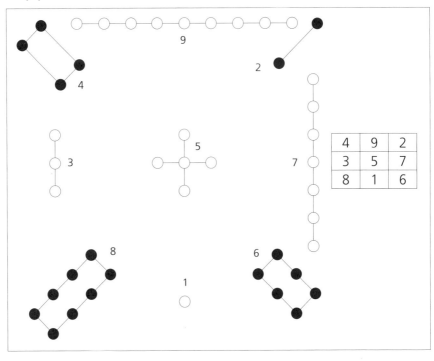

4	9	2
3	5	7
8	1	6

1) 낙서의 수리와 이동

약 1100년 후, 은대(殷代) 말기에 서쪽의 제후로 있던 문왕(文王:B. C.1100년)이 복희씨의 선천팔괘와 하우씨(夏禹氏:하나라 시조인 우왕) 때 출연하였다는 신성스러운 거북이 몸에 나타난 무늬, 즉 낙서의 이치를 근본으로 삼아 문왕의 후천팔괘를 만들었고, 주역 64괘의 차례를 새롭게 정하여 괘사를 붙이니 바로 문자화한 역의 시작이며, 문왕의 아들 주공이 문왕의 역을 계승하여 각 괘의 384효마다 설명을 붙이니, 문왕의 괘사와 주공의 효사를 접하여 주역경문(周易經文)이라 한다.

2) 문왕후천팔괘(文王後天八卦)

문왕의 후천팔괘는 낙서를 근거로 작성된 것이며, 이를 후천도라고도 한다. 복희선천팔괘가 자연의 이치에 따라 배열된 것이라면 문왕후천팔괘는 만물이 생성된 후 운행하는 이치를 배열한 것이라 할 수 있다. 즉, 선천팔괘가 태극이 삼변하여 음양·사상·팔괘를 이루는 이치로써 배열되어 자연스레 생성하는 상태인 반면, 후천팔괘는 음양이 사귀어 화성(化成)하고 오행이 생·화·극·제하는 작용의 이치라 할 수 있으며, 인사적인 남녀 관계의 조화를 이룬다.

이를테면 후천팔괘를 인사적으로 볼 때 서와 남에 음괘인 손(巽) 장녀·이(離) 중녀·곤(坤) 모·태(兌) 소녀가 있고, 북과 동에 양괘인 건(乾) 부·감(坎) 중남·간(艮) 소남·진(震) 장남이 위치하고 있어, 음양이 교통하고 남녀가 상합하는 이치가 있다. 후천팔괘는 기문둔갑을 포국하고 해석하는 데 근본이 된다. 또 기문둔갑 구궁의 천·지 반수를 한 번씩 맞물려 돌리면 9×9=81수가 나오므로 수리학의 1부터 81수까지 산출하고 확정하는 기준이 된다.

문왕후천팔괘 방위도

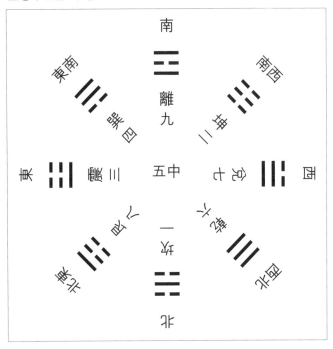

　후천팔괘는 일월이 움직이고 사계절이 교류하는 작용을 나타내려고
한 팔괘의 배열이다. 감(坎:月·水)이 북에 있고, 이(離:日·火)가 남에 있
으며, 복희선천팔괘에서 남에 있던 건(乾)은 서북으로 갔고, 북에 있던
곤(坤)은 남서로 움직였다. 후천팔괘의 차서는 선천팔괘와는 달리 낙서
의 구궁수에 따라 一감, 二곤, 三진, 四손, 五중, 六건, 七태, 八간, 九이
로서 숫자 매김을 한다.

3) 하도의 수리(數理)

(1) 하도수(河圖數)의 배합(配合)

하도를 보면 하얀 점은 홀수, 검은 점은 짝수로 하여 모두 55개의 점으로 구성되어 있다. 1, 2, 3, 4, 5는 안에 있어 만물의 생명을 낳는 근본이 되므로 생수(生數)라 하고, 6, 7, 8, 9, 10은 외부에서 둘러싸고 있어 만물의 형체를 이루는 형상을 갖추니 성수(成數)라고 한다.

6, 7, 8, 9, 10의 성수는 1, 2, 3, 4, 5의 생수에 각각 5점(中宮)씩을 더하여 이루어진 것이다. 다시 말해 생수 1, 2, 3, 4, 5는 성수 6, 7, 8, 9, 10을 낳는 체가 되며, 성수 6, 7, 8, 9, 10은 생수 1, 2, 3, 4, 5를 이루는 용이 된다.

또한 홀수와 짝수의 관계로 볼 때 홀수 1, 3, 5, 7, 9는 양수이자 동적이므로 천수(天數)에 해당하고, 짝수 2, 4, 6, 8, 10은 음수이며 안정된 상태이므로 지수(地數)에 속한다. 천수의 합은 1+3+5+7+9=25이고, 지수의 합은 2+4+6+8+10=30이므로 그 총합은 55이며, 하도수(河圖數)라 하고 선천수라고도 한다.

(2) 하도 오행은 음양의 조화로 이루어진다. 즉, 양수(陽數)인 1은 음수(陰數)인 6과 합하여 수(水)를 생성하며, 음수인 2는 양수인 7과 합하여 화(火)를, 양수인 3은 음수인 8과 합수하여 목(木)을, 음수인 4는 양수인 9와 합하여 금(金)을 생성한다.

중앙의 5는 생수의 체로서 성수인 10과 합하여 토(土)를 생성하니, 이

5와 10을 중심으로 모두 조화가 이루어진다.

(3) 하도를 오행으로써 풀이하면 수(水)로부터 만물이 비롯되며, 물이 아래로 흐르는 이치에 의해 아래쪽의 북방에 1·6수 배치되고, 화(火)에서 만물이 성장하며 불이 위로 타오르는 이치에 의해 위쪽의 남방에 2·7화가 배치되고, 하도의 상하는 오행의 기(氣)로써 대비된다. 또한 목(木)의 기운으로 만물의 싹이 트이므로 해가 뜨는 동방에 3·8목(木)이 자리하고, 금(金)의 기운으로 만물이 열매를 맺으므로 해가 지는 서방에서 4·9금(金)이 자리하며, 하도의 좌우는 오행의 질(質)로써 대비된다.

상하좌우의 수(水)·화(火)·목(木)·금(金)은 모두 토(土)를 근본으로 하여 생성유행(生成流行)하며, 중궁(中宮)의 5·10토가 중재하고 조절함으로써 오행의 조화가 있게 되는 것이다. 토(土)는 오행의 기(氣)와 질(質)을 같이 구비하고 있다. 그리고 토는 기와 질로써 이루어지나, 시간적으로 보면 오행간에 서로를 낳고 낳아 무한대로 순환하는 오행 상생의 이치가 나타난다. 이와 같이 음양수의 배합이 있어야 비로소 천지의 기운이 만물을 화생할 수 있다. 이렇게 배합된 천지의 총수는 55이며, 이 또한 대연수(大衍數)이다. 그런데 오행의 기는 서로 합하여 통하기 때문에 5수를 감하게 되면 단지 50의 수를 갖게 된다. 때문에 대연(大衍)의 수(數)는 50이 되는 것이다.

오행의 기본수와 하도수와의 관계를 도표로 정리하면 다음과 같다.

기본수	1	2	3	4	5	6	7	8	9	10
십간	甲	乙	丙	丁	戊	己	庚	辛	壬	癸
음양	양	음	양	음	양	음	양	음	양	음
오행	목		화		토		금		수	
하도수	3	8	7	2	5	10	9	4	1	6

기본수	1	2	3	4	5	6	7	8	9	10	11	12
십이지	子	丑	寅	卯	辰	巳	午	未	申	酉	戌	亥
음양	양	음	양	음	양	음	양	음	양	음	양	음
오행	수	토	목		토	화		토	금		토	수
하도수	1	10	3	8	5	2	7	10	9	4	5	6

※ 도표와 같이 사주의 간지를 기본수로 전환시킨 후 9씩 공제하여 기문포국을 하는 데 응용하며, 하도수는 기문포국을 해석하고 작명·수리학의 고유 번호 등을 산출하는 데 근본이 된다.

4) 낙서의 수리(數理)

하도는 오행이 상생하는 이치인 데 반해, 낙서는 오행이 상극하는 이치가 나타난다. 또한 낙서의 수리를 후천수라고도 한다.

⑴ 낙서를 거북등의 위치로써 살펴보면, 한가운데 다섯 개의 흰 점을 중심으로 아래에 1를, 위에 9, 좌측에는 3, 우측에는 7이 상하 좌우로

마주하고 있고, 윗모서리 좌우에 4와 2가, 아랫모서리 좌우에 8과 6, 총 45개의 점이 9궁(九宮)으로 나뉘어 배열하고 있다. 낙서는 불규칙하게 배열해 있는 것 같지만, 사방 좌우의 합의 수가 15이며, 중앙의 5를 중심으로 각각 제 위치를 잡고 있다. 곧 중앙의 5가 조화의 주체임을 나타낸다.

(2) 하도와 낙서를 바탕으로 선천팔괘와 후천팔괘의 괘위(卦位:괘의 방위수)와 효획 관계를 비교해 보면, 먼저 선천팔괘는 효획의 합이 각각 9이다. 예를 들면, 건괘 3획과 곤괘 6획의 두 합이 9획, 또 괘위의 합도 9를 이루는 반면, 1건과 8곤의 괘위의 합이 9, 후천팔괘는 서로 마주보는 1감과 9리, 2곤과 8간, 3진과 7태, 4손과 6건이 각각 10을 이루니 선천팔괘는 선천하도의 10을 체로 하여 9를 용으로 삼고, 후천팔괘는 후천낙서의 9를 체로 하여 10을 용으로 한다. 즉, 선천은 10체 9용(생하는 가운데 극하는 원리)의 근본이요, 후천은 9체 10용(극하는 가운데 생하는 원리)이 근본이다.

(3) 선천의 생성(生成)함은 오행 생성의 원리이고, 후천의 극화(尅化)됨은 오행 상극의 작용이다. 그러나 상생에는 상극이 내포되어 있으니, 선천에는 만물이 생장하는 가운데 오히려 생존 경쟁과 약육 강식이 있는 것이고, 상극의 원리에도 그 이면에 상생의 이치가 있으니, 바로 만물이 성숙되어 열매를 맺는 데에는 비록 깎여 떨어지는 고통이 있지만, 이로 인해 씨를 뿌리고 결실의 기쁨도 함께 누리는 것이다. 예를 들면, 화(火)가 금(金)을 극하지만, 화(火)가 생하는 토(土)가 다시 금(金)을 생한다.

그래서 상극 속에 상생이 존재하는 것이다.

5) 하도와 낙서의 목적

하도와 낙서의 목적은 8괘의 내원을 설명하는 데 있다. 즉, 괘상은 수 (數)로 생겨난 것이므로 수가 없으면 주역의 괘상은 그 근본을 논할 수 없다. 그래서 역수(易數)는 하도와 낙서 중에 포함되어 있으며, 그 수의 배열과 조합으로 4상(四象)과 8괘를 얻게 된다. 또 하도와 낙서 두 그림 모두가 천지 자연의 수를 구체적으로 드러내고 있기는 하지만, 하도수는 그 상은 있으나 아직 형을 이루지 못했음을 표현하였고, 낙서수는 이미 그 형을 이루었음을 표현하였다. 즉, 하도는 그 상(象)을 열어 보이고, 낙서는 그 형을 펼쳐 보여서 괘상 및 만물의 형상이 상으로부터 형으로 전개되는 것을 나타내는데, 이것은 하도와 낙서 그 어느것도 없어서는 안 된다는 것을 의미한다.

기문둔갑에서도 낙서는 구궁의 바탕이 되고, 하도는 기문포국이 완성 된 후 해석하는 데 근본이 되며, 성명학·수리학 등의 해명에도 사용되 므로 역학을 연구하는 제현들은 하도와 낙서의 역학 관계를 충분히 이 해해야 한다.

4. 본서법(本書法)

본서법은 십익을 엮은 공자께서 창작한 것으로서, 주역을 공부하는 사람들의 정신을 함양하고, 알고자 하는 사항들을 초자연적 대상인 하늘의 도움으로 예단하는 방법이다. 그러나 이와 같은 작괘법이 무슨 의미가 있겠느냐고 반문할지 모르지만, 자신만의 공간에서 우주 삼라만상의 축소판을 만들어 운영한다는 그 정신세계는 곧 우주의 창시자인 신의 마음과 일통한다는 정성이 들어 있기 때문이다.

작괘시의 준비 요령은 길이 15~30Cm 정도의 대나무를 직경 2~5mm 정도로 잘게 쪼개어 50개를 준비하고, 남향의 정리가 되어 있는 방 한가운데에서 경건한 마음으로 점을 행한다. 방 한가운데에서 행하는 까닭은 방 한쪽으로 치우치게 되면 그 쪽의 방향으로 기운이 치우쳐 점사가 부정확해지기 때문이다.

예전의 점서(占書)에 사용했던 재료는 대나무였을 것으로 추정된다. 따라서 서자(筮字)는 죽자(竹字)로 이루어졌으며, 점서는 수리(數理)의 변화를 통하여 괘를 정한 다음 괘상 및 괘효에 의거하여 길흉을 예측했다. 주역에 의거하여 점을 칠 때에는 먼저 서죽(筮竹:산가지)으로 수를 세어 괘를 이루는 방법을 알아야 한다. 역전의 계사전에는 이에 관한 기록이 있는데, 그 내용은 다음과 같다.

대연(大衍)의 수는 50이다. 그러나 실제로 사용하는 수는 49이다. 1은 태극(太極)을 의미하는 것이므로, 태극은 우주 만물이 생동하기 전의 근본이 되는 것이기 때문에 변화의 상(象)에서 제외된다. 1을 제외한 나머지 49를 둘로 나누는 것은 천지음양, 즉 양의(兩儀)를 상징하는 것이고, 그 둘 중의 한 곳에서 하나의 수를 빼어 이것을 걸어 셋으로 하는 것은 천지인(天地人), 즉 삼재(三才)를 상징하는 것이며, 다음 이것을 넷씩 세어서 나누는 것은 4계(四季)를 상징하는 것이고, 남은 수를 손가락 사이에 끼우는 것은 윤달(閏月)을 상징하는 것이다. 윤달은 5년에 두 번 있기 때문에 남은 수를 두 차례 손가락에 낀 다음 괘를 이루게 된다. 건(乾)의 책수(策數)는 216개, 곤(坤)의 책수는 144개, 합계 360개로서 1년의 날수와 거의 같다. 64괘 384효의 책수는 총 11,520개로서 만물의 수에 크게 벗어나 있지 않다. 이상 네 차례의 수를 운영(運靈)하여 역변(易變)이 나타나고, 이 과정을 세 번 되풀이해서 한 효가 생기며, 한 효가 여섯 번을 거듭해야만이 한 괘가 생기는 것이다.

위의 글은 수를 세어 괘를 얻는 과정을 설명한 것이다. 연(衍)은 널리 펴고 설명할 연(演)을 의미하며, 대연의 수가 50이다 라는 것은 연산하여 괘를 얻는 데 사용되는 시초가 50개라는 의미이다.

이것은 하도에서 천수(天數)의 합은 25(1+3+5+7+9)이고, 지수(地數)의 합은 30(2+4+6+8+10)이므로 천지(天地) 수의 합은 55가 된다. 계사전을 보면 천지의 수가 55이니 이로써 변화를 이루어 귀신의 행한다고 하였듯이 우주 만상을 수로 표현한 55수에 의해 하늘의 도가 행하여지는 것이다. 그러나 하늘의 도를 알려고 괘를 내는 데는 55를 쓰지 않고 50이라는 대연수를 쓴다. 이것은 오행의 기는 서로 합하고 소통하기 때문에 하도의 총수 55에서 5를 감하여 예측할 수 없는 움직임에 대비한다는 의미도 있고, 하도의 총수 55와 낙서의 총수 45를 합하면 100이 되고, 그 평균을 내면 50이 된다. 즉, 하도의 수 5를 덜어서 낙서의 수에 5를 보충하여 평형을 이룬다는 의미도 있다. 그래서 대연수는 50인 것이다. 이 50개의 시초 가운데 하나를 연산 과정에 참여시키지 않고 나머지 49개의 시초로 연산(演算)을 한다. 이것이 바로 계사전에서 실제로 사용하는 수는 49이다 라는 의미이다. 한 괘의 괘상을 확정하기 위해서는 열여덟 번의 변화를 거쳐야 한다.

따라서 매 괘는 6효로 이루어져 있으므로 한 효를 얻기 위해서는 세 번의 변화를 거쳐야 하는 셈이다.

5. 음양의 상(象)

주역에서 음과 양의 작용을 상(象)으로 표시하는데, 바로 양효 2와 음효 1이다. 하늘은 양이고 땅은 음이니, 하늘이 먼저 열리고 땅이 그 다음에 열리므로 양은 1획으로 표시하고, 음은 2획으로 표시한다. 전언에 의하면 양효(━)는 이어졌으니 남자의 성기를 상징한 것이고, 음효(╌)는는 끊어졌으므로 여자의 성기를 상징한 것이라고 한다.

1) 사상의 이해

사상이란 음양이 태극으로부터 일변(一變)한 후, 다시 재변(再變)한 것을 말한다. 즉, 양효 ━를 본체로 하여 양으로 분화한 것이 노양 ⚌이고, 음으로 분화한 것이 소음 ⚍이며, 음효 ╌를 본체로 하여 양으로 분화한 것이 소양 ⚎이고, 음으로 분화한 것이 노음 ⚏이다. 사상은 네 가지 생김새 모습 모양을 의미하므로 두 가지인 양의보다 한 단계 더 발전하여 구체적인 상을 이룬 것이다. 그리고 각각의 형질에 의해 붙여진 이름이 노양·소음·소양·노음이다. 노양과 노음은 각각 태양(太陽)과 태음(太陰)으로 불리기도 한다.

2) 사상의 조화

사상의 조화를 논하면 노양 ⚌은 강직하니 굽힘이 없이 꿋꿋하고, 노음 ⚏은 허약하니 부드럽고 온순하며, 소음 ⚍은 외허내실하니 외형내적으로 생장하고, 소양 ⚎은 외실내허하니 내형외적으로 축소된다. 이를 사시(四時)로써 논하면, 소음은 내면의 양이 생장하는 상이므로 아침(봄)이고 노양은 양이 자라서 종내는 강건한 상이 되므로 낮(여름)이며, 소양은 내면의 음이 자라는 상이므로 저녁(가을)이고, 노음은 자라서 음이 극성한 상이 되므로 밤(겨울)에 해당한다. 조선 후기 명의인 태양인 이제마는 사상(태양·태음·소양·소음)의 상과 성질을 유추하여, 인간 또한 소우주로서 음양오행의 한계를 벗어날 수 없음을 깨닫고, 사람도 그 체질에 맞는 약재를 써야 한다는 사상체질을 연구하여 의학 발전에 많은 공헌을 하였다.

3) 8괘 소성괘(小成卦)

8괘는 사상이 음양오행으로 분화하여 성립하게 되며, 사상이 팔괘를 이룸으로써 삼변(三變)의 기본 과정이 이루어진다. 이것을 도표로 정리하면 다음과 같다.

역의 구성도

卦位(괘위)	8	7	6	5	4	3	2	1
卦名(괘명)	坤	艮	坎	巽	震	離	兌	乾
八卦(팔괘)	☷	☶	☵	☴	☳	☲	☱	☰
四象(사상)	⚏		⚎		⚍		⚌	
兩儀(양의)	--				—			
太極(태극)	☯							

태극이 양의(음·양)가 되고, 양의가 사상이 되고, 사상이 팔괘를 이룸으로써 우주 만물의 생성 과정을 보여주고 있다. 하나(태극) ☯가 둘(양의)인 음 --과 양 —을 생기게 했고, 둘이 넷(사상)인 노음 ⚏, 소양 ⚎, 소음 ⚍, 노양 ⚌을 생기게 했으며, 넷이 여덟(8괘)인 곤(坤) ☷, 간(艮) ☶, 감(坎) ☵, 손(巽) ☴, 진(震) ☳, 리(離) ☲, 태(兌) ☱, 건(乾) ☰을 생하였음을 보여주고 있다.

음 --과 양 —을 기호로 표시할 때는 효(爻)라고 한다. 양의는 효가 하나씩이고, 사상은 효가 두 개씩이며, 팔괘는 효가 세 개씩이고 소성괘(小成卦)라 칭한다.

4) 8괘의 명칭(名稱)

괘라는 이름이 쓰이게 된 데에는 여러 가지 설이 있다. 그 중에서 비교적 괘자의 본래 뜻에 부합된다고 할 수 있는 학설은, 즉 점을 치면서 매 효를 얻을 때마다 이것을 땅에 그려서 기억하기 편리하도록 했다는 것인데, 이렇게 3효 또는 6효를 표시하여 한 괘가 구성되었다는 것이다. 그렇기 때문에 괘자는 두 개의 토(土)자와 한 개의 복(卜)자로 이루어졌다고 한다.

8괘는 모두 3획 괘로, 매 괘는 —과 --이 삼중으로 중첩되어 구성되어 있다. 일반적으로 역을 처음 대할 때는 누구나 매 괘의 괘상을 기억하기가 쉽지 않기 때문에 송대의 유학자 주희는 《주역본의(周易本義)》 속에 8괘취상가(八卦取象歌)를 기재하여 괘형을 이해하는 데 도움이 되도록 하였다. 그 내용을 도표로 정리하면 다음과 같다.

괘위·괘명	괘상	괘상에 대한 묘사
一 乾川	☰	乾三連(건삼련) 건은 3효가 모두 이어져 있다
二 兌澤	☱	兌上缺(태상결) 태는 상효만 끊어져 있다
三 離火	☲	離中虛(이중허) 이는 중효만 비어 있다
四 震雷	☳	震仰盂(진앙우) 진은 하효만 이어져 있다
五 巽風	☴	巽下斷(손하단) 손은 하효만 끊어져 있다
六 坎水	☵	坎中滿(감중만) 감은 중효만 이어져 있다
七 艮山	☶	艮覆碗(간복완) 간은 상효만 이어져 있다
八 坤地	☷	坤六斷(곤육단) 곤은 3효 모두 끊어져 있다

괘위는 괘의 생성 순서를 의미하는 것이고, 건·태·이·진·손·감·간· 곤은 괘명을 표시 한 것이며, 천·택·화·뢰·풍·수·산·지는 그 괘의 가장 대표적인 물상을 표현한 것이다. 그리고 건삼련·태상결·이중허 등은 각 괘의 상을 표현한 것인데, 예를 들면 건괘는 모두 이어져 있어 건삼련으로 표현하였고, 태괘는 상효만 끊어져 있으므로 태상결이라고 표현한 것이다. 나머지 괘도 그 뜻한 바가 동일하다.

5) 8괘의 속성

사상(四象)은 물상적으로 감지할 수 없는 네 가지의 생김새·모습·모양을 말한다. 그러나 8괘부터는 물상적으로 감지할 수 있는 양상으로 드러난다. 따라서 사상은 눈으로 볼 수 없는 형이상학(形而上學)의 모습이고, 8괘부터는 눈으로 볼 수 있는 형이하학(形而下學)의 형상이 드러나는 것으로 보아도 무방하다. 8괘를 통한 대표적 사물의 근본과 성질을 도표로 정리하면 다음 페이지 도표와 같다.

건은 하늘을 상징하므로 아버지라 하고, 곤은 땅을 상징하므로 어머니라 한다. 진은 초효에 양효를 구해 득남했으니 장남이라 하고, 손은 초효에 음효를 구해 득녀했으니 장녀라 한다. 감은 그 효에 양을 구하여 득남했으니 중남이라 하고, 이는 그 효에 음을 구하여 득녀했으니 중녀라 한다. 간은 3효에 양을 구하여 득남했으니 소남이라 하고, 태는 3효에 음을 구하여 득녀했으니 소녀라 한다.

이것은 건과 곤 양괘를 부모로 삼고, 그 밖의 6괘를 자녀로 삼은 것이며, 그 중의 진·감·간은 장·중·소남으로 나뉘고, 손·이·태는 장·중·소녀로 나뉜다. 이와같이 8괘는 두 조로 나뉘어 한 조는 남괘로서 건·진·감·간으로 구성되며 건괘를 수괘로 한다. 그리고 다른 한 조는 여괘로서 곤·손·리·태로 구성하며 곤괘를 수괘로 한다. 여기서의 남괘와 여괘는 계사전의 양괘와 음괘를 뜻한다.

괘상	괘명	인물	성격	자연	인체	동물	오행	색
☰	乾	아버지 임금	굳센 강건 밝음	하늘 위	머리	말	陽金	진한 적색
☱	兌	막내딸 첩 소녀	즐거움 훼절 구설	연못 비	입 혀	양	陰金	흰색
☲	離	작은딸 중녀 (中女)	총명 명랑 빛남	해·불 무지개 맑음	눈 심장	꿩 오리	火	붉은색 홍색
☳	震	장남	움직임 조급 놀람	우레 번개	발 간 터럭	용	陽木	파란색 녹색 푸른색
☴	巽	장녀	부드러움 화합, 과단성 일관성 결여	바람 나무	다리 기맥	닭 새종류	陰木	청록색

☵	坎	작은아들 중남 (中男)	음험, 천함 외유내강 근심	물 달(月) 서리·이슬	귀 신장 피	돼지	水	검은색
☶	艮	막내아들 소남 (小男)	정지 막힘 고요함	산 구름 분묘	손 손가락	개	陽土	누런색
☷	坤	어머니	유순 인색 균등	땅 밭이나 들 마을	배 내장 위	소	陰土	황색

6) 팔괘의 이해

기본 8괘에는 건괘·태괘·이괘·진괘·손괘·감괘·간괘·곤괘라는 개념을 가진 여덟 개의 형식이 있다. 그런데 이와같은 8괘의 개념은 고정적인 것이 아니고 그 위치에 따라서 개념이 변화한다는 사실이다. 좀더 구체적으로 논하면 그 배속되는 방위 여하에 의해서 작용하는 성질이 달라진다. 즉, 복희선천팔괘의 경우와 문왕후천팔괘의 경우는 각각 괘의 작용이 서로 다르니 측량할 수 없는 변화가 상(象)으로서 나타나는 것이므로 이것을 연구하는 것이 역학 연구의 시작이다.

건괘의 상을 ☰와 같이 표시한 것은 건괘 ☰에 표시된 세 개의 양이 합하면 하나의 양이 되고, 나뉘면 삼양(三陽)의 형태로 나타나지만, 이것은 다만 양의 질량에 대해 일양(一陽)이 분화한 것임을 표현한 것이다. 즉, 건괘는 일양의 끝을 상으로 나타냄으로써 양의 변화 작용이 가능하다는 것을 표시한 것이다.

태괘(☱)는 손괘(☴) 초효의 음이 양에게 밀려서 괘극(卦極)에까지 올라와 이와같이 변한 것이다. 그러므로 손괘와 같이 강력한 제어력은 없고 다만 양위에서 때를 포착하는 상이므로, 이 상을 택(澤)이라고 하며 소녀라고도 한다. 까닭은 태괘는 삼효인 음이 양을 포위하려고 하지만, 속에 내장된 양의 힘이 너무 크기 때문에 물이 땅 속에 젖어들지 못하고 만물의 표면에서 약동하고 있는 상이므로, 이것을 택이라고 하여 소녀라고도 하는 것이다.

이괘(☲)는 양이 상하에 있고 그 중심에 음이 있어서 상하의 양을 견제하고 있는 상이다. 이 괘의 특징은 상하에 있는 양이 허한 음에 걸려서 빛을 밝히고 있는 상인즉, 이와같은 허는 상하에 있는 양의 생명력이다. 만일 중심에 있는 허가 그 성질이 변하여 양과 동화한다면 건으로 변할 것이며, 반대로 중심에 있는 허(虛)가 상하에 있는 양을 동화시킨다면 곤으로 변할 것이다. 따라서 이괘는 건이나 곤으로 변할 수 있는 상을 지니고 있으나 결국은 곤(坤)으로 변하고 마는 것이니 이것을 화(火)의 중도적 작용이라 한다.

진괘(☳)는 주효(主爻)가 초효에 있을 뿐만 아니라 그것이 양효이므로 위에 있는 두 개의 음을 확장하면서 용출하려는 기상을 가지고 있다. 그러나 음양운동의 이치는 억압하려는 음의 세력이 강하면 양의 반발력 또한 강해지므로 진괘와 같이 주효인 양이 초효에 위치하였을 때는 그 힘이 가장 강력하게 된다. 따라서 이 괘를 뢰(雷)라고 하며, 장남(長男)의 속성을 지니고 있다.

손괘(☴)는 진괘(☳)와 상이 반대이므로 성질 또한 말할 것도 없다. 손괘는 초효의 음이 주효로 되어 있어서 위에 있는 두 개의 양효를 견제하고 있다. 이 괘의 상을 자세히 들여다보면 다음과 같은 뜻이 있다. 음양의 이치는 본래 서로 부합하려는 성질이 있는데, 손괘의 경우 초효와 이효는 서로 상비하고 있으나, 이효는 삼효와 비하지 못하고 유리되고 있다. 그러므로 이 괘의 상을 풍(風)이라고 한다. 이것은 진괘의 경우에 초효의 반발력이 이효보다 삼효에 이르러서 강해지는 것과는 정반대이다. 손괘를 장녀(長女)라고 하는 것도 반대로 생각하면 쉽게 이해된다. 이와같이 진·손 두 괘는 음양작용의 시종(始終)이 기본을 이루고 있기 때문에 장남·장녀라고 하는바 우주의 음양작용은 실로 여기에서 시작하는 것이다.

감괘(☵)의 상은 이괘(☲)와는 정반대이다. 이는 상하에 있는 음의 중정에 있는 양을 포위하고 있으므로 중심의 양이 그 성질을 발휘할 수가 없다. 그러므로 중앙의 양이 상화의 음을 동화시킨다면 건이 될 것이고, 음한테 동화되어 버린다면 곤이 될 것이다. 그러나 감은 결국 음을 동화시켜 양의 수괘인 건으로 변화하니 이것이 바로 수(水)의 중도적 작용인 것이다. 이와같이 이·감 두 괘의 상을 유추해 볼 때 중심에 있는 효가 건·곤을 대행할 수 있다는 것이다. 그러므로 역은 이를 중남중녀(中男中女)라 하고 대단히 소중하게 여기는데, 그것은 괘의 주효(主爻)가 중위에 있어서 중용적(中庸的)인 작용을 하기 때문이다.

간괘(☶)는 진괘(☳)의 초효에 있던 양이 삼효까지 올라간 상을 말한다. 그러면 진의 강하던 양도 힘이 쇠약해져서 더 이상 향상할 수가 없다. 까닭은, 양은 음의 압력에 의해서 힘이 생기는 것인데, 이 괘는 양이 삼위에까지 올라가 있으므로 그 힘이 정리되고 만 것이다. 이것을 진의 상과 비교해 보면 진보다 힘이 약한 것은 당연지사이다. 따라서 그것을 간위산(艮爲山)이라고 하는데, 산(山)이라는 것은 분출이 정지되어서 더 이상 확장할 수 없는 상을 말한다.

곤괘(☷)의 상은 음 셋이 합하여 한 개의 상을 형성한 것으로서 건의 상과는 정반대이다. 건괘는 중심 부위가 충실하나, 곤괘는 중심이 비어 있다. 다시 말하면, 건은 내용이 차 있는 데 반해, 곤은 반대로 내용이 비어 있는 상이다. 그러므로 건은 양을 발하려고 하지만, 곤은 양을 포장하려고 하는 것이다.

역경 64괘 중에서 기본이 되는 괘 여덟 개가 있는데 이를 기본 8괘라고 한다. 즉, 모든 괘상은 그 기본 8개가 상하로 겹쳐서 이루어지는 것이므로 8괘의 상만 완전히 터득하면 나머지 56개의 상은 이 가운데 있다는 결론이 나온다. 또 역은 간(艮)·태(兌)가 진(震)·손(巽)의 종말을 이루면서 중(中)인 감(坎)·이(離)의 작용을 도와 우주 내의 육대 변화를 이루는 것이므로 괘의 효를 육효(六爻)로 정한 것이다.

7) 64괘 대성괘(大成卦)

64괘는 소성괘인 8괘를 발전시킨 것이다. 8괘는 천지만물의 형성과 형태를 물상적으로 상징하는 근본적인 것이기는 하지만, 우주 만물이 변화하고 생성하는 이치는 갖추어지지 않은 것이었다. 그래서 8괘의 한 괘

한 괘를 둘씩 짝을 지어 위아래로 배치하여 64괘를 만든 것이다. 따라서 8괘(세 개의 효로 된 괘)는 64괘(여섯 개의 효로 된 괘)로 발전하였으며, 일명 대성괘라 칭한다.

앞에서 논한 바와 같이 8괘는 3획괘인데, 이것이 두 개씩 중첩되어 이루어진 64괘는 6획 괘가 된다. 그러므로 64괘 가운데의 매괘는 모두 상괘와 하괘로 구분되는데, 상괘는 외괘(外卦) 또는 회괘(悔卦)라 하고, 하괘는 내괘(內卦) 또는 정괘(貞卦)라 한다. 상괘와 하괘의 성질을 도표로 정리하면 다음과 같다.

상괘와 하괘의 성정

상괘(외괘)	오후	후천	외부	양지	흩어짐	위	나감	상대편	용
하괘(내괘)	오전	선천	내부	음지	모임	아래	물러섬	나	체

상괘와 하괘의 구분

乾 ䷅ 상괘(외괘)
坎 ䷅ 하괘(내괘)

64괘, 즉 대성괘에서 위에 있는 괘를 상괘라 하고, 아래에 있는 괘를 하괘라 한다. 소성괘 건과 소성괘 감이 중첩되어 천수송괘(天水訟卦)를 이룬 것이다.

대성괘, 즉 64괘 가운데 상·하괘가 같은 괘는 여덟 개뿐이다. 이것은 같은 8괘가 중첩되어 형성된 것으로서 ䷀:중천건(重天乾), ䷁:중지곤(重地坤), ䷲:중뢰진(重雷震), ䷸:중풍손(重風巽), ䷜:중수감(重水坎), ䷝:중화리(重火離), ䷳:중산간(重山艮), ䷹:중택태(重澤兌)의 모두 여덟 괘이다.

8) 64괘의 차서도(次序圖)

　고대 중국의 학자 소옹은 8괘의 기원과 64괘의 형성과정을 설명하기 위해 8괘와 64괘의 차서도를 제작하였는데, 8괘와 64괘의 형성은 기우(奇偶)의 수에서 비롯된다고 하였다. 옆면의 차서도를 참고 하면 태극은 1로써 움직여, 기우(음양)의 두 가지 수를 생하게 되는데, 이것이 분화하여 음과 양의 양의가 된다. 그 다음 음양의 위에 일기일우를 분출하면 태양·소양·소음·태음의 사상이 되고, 이 사상의 위에 다시 일기일우가 분출하면 8괘를 얻는다. 이와같이 1이 나뉘어 2가 되고, 2가 나뉘어 4가 되고, 4가 나뉘어 8이 된다는 것은 바로 주역에서 논하는 태극이 양의를 나고, 양의는 사상을 낳고 사상은 8괘를 낳는다는 것이다.

　8괘는 다시 일음일양이 불출하는 형태를 계속 진행하여 16이 되고, 16은 다시 분화되어 32가 되고, 32는 분화되어 64가 되는데, 이와같은 방법으로 끝의 64괘를 얻는다. 64괘에 다시 같은 형태를 계속 진행하면, 이 획의 위에 각기 일기일우를 생출하여, 128개의 괘를 얻게 되는데 이런 방식으로 계속해 나가면 끝이 없는 무한의 괘위를 얻게 된

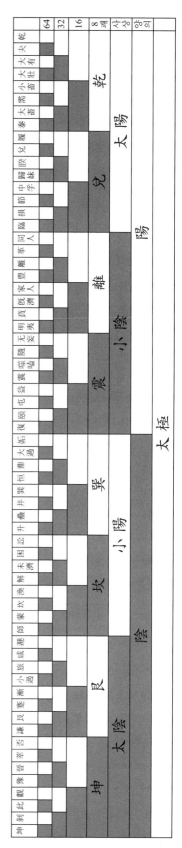

다. 이러한 과정이 음양의 분화로써 논할 수 있는 우주 만물의 형성 과정이다.

천天의 기는 음양으로 화하고, 음양은 태양·태음·소양·소음으로 화하며, 태양은 일(日), 태음은 월(月), 소양은 성(星), 소음은 진(辰)이 되고, 이는 곧 천(天)의 4체(四體)가 된다. 지(地)의 질은 태유·태강·소유·소강으로 화하여 태유는 수, 태강은 화, 소유는 토, 소강은 석이 되며 이는 곧 지의 사체가 되는 것이다. 그리고 천의 일·월·성·진으로부터 더위·추위·낮과 밤이 생겨나고, 지의 수·화·토·석으로부터 비·바람·이슬과 우레가 생겨난다.

그리하여 더위·추위·낮과 밤은 만물의 성정(性情)과 형체를 변조시키고, 비·바람·이슬·우레는 금수와 초목을 성장하고 변화시킴으로써 동물과 식물이 생겨난다. 뿐만 아니라 사람도 만물과 더불어 함께 하면서 만물 중에 가장 우월한 이가 된다. 이러한 학설은 천지만물의 형성은 기와 질의 끊임없는 분화과정으로 보고 사물의 발전하는 경로와 형성을 유추해석한 것으로서 우주 만물의 발생 절차를 설명한 것이며 우주 구성의 의의(意義)도 갖추고 있다.

일기일우(一奇一偶)하여 완성된 64괘의 순서를 보면 제일 윗쪽부터 건·쾌·대유·대장·소축·수·대축·태의 여덟괘가 되고 건괘 ☰가 체괘(體卦)이다. 다음 리·태·규·귀매·중부·절·손·임의 여덟괘가 되며 태괘 ☱가 체괘이다. 다음은 동인·혁·리·풍·가인·기제·비·명이의 여덟괘가 되고 리괘 ☲가 체괘이다. 다음은 무망·수·서합·진·익·둔·이·복의

여덟괘가 되며 진괘 ☳가 체괘이다. 다음은 구·대과·정·항·손·정·고·
승의 여덟괘가 되고 손괘 ☴가 체괘이다. 다음은 송·곤·미제·해·환·
감·몽·사의 여덟괘가 되며 감괘 ☵가 체괘이다. 다음은 돈·함려·소과·
점·건·간·겸의 여덟괘가 되고 간괘 ☶가 체괘이다. 다음은 비·취·진·
예·관·비·박·곤의 여덟괘가 되며 곤괘 ☷가 체괘이다.

9) 64괘의 원도(原圖)

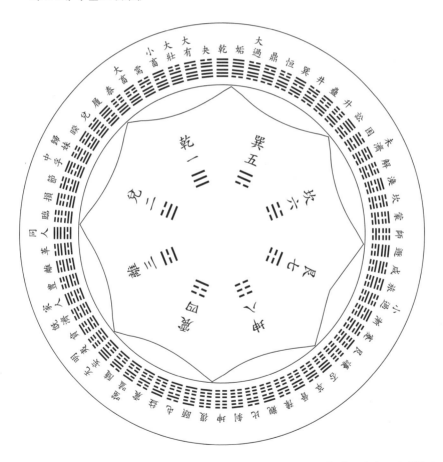

복희선천 8괘방위도를 보면 건은 천(天)으로 양기(陽氣)의 생장을 표현하고, 곤은 지(地)로 음기의 증장(增長)을 표현한다. 그리고 리는 태양으로써 동쪽에서 일출하고, 감은 달로서 서쪽에서 월출하게 된다. 천지가 생장과 증장을 반복함에 따라 춘·하·추·동이 형성되고, 해와 달이 출몰함에 따라 일력(日歷)과 월력(月曆)이 형성된다. 다시 말하면 천지만물의 생성변화는 곧 음양이기 상호간의 생장과 소멸의 과정이다. 이러한 천지만물의 변혁과정을 확대 적용하여 도출하게 된 것이 64괘의 원도이다.

원도를 보면 복괘(復卦)에서 건괘까지는 양이 자라는 과정을, 구괘(卦)에서 곤괘까지는 음이 자라는 과정을 표현하였다. 즉 복괘는 일양(一陽)의 생성을 표시하고, 임괘는 이양의 생성을, 택괘는 삼양의 생성을, 대장괘는 사양의 생성을, 괘괘는 오양의 생성을 표시하고 건괘에 이르러서는 육양이 생성하는데, 건은 양이 일년 사계절 중에 만물이 가장 왕성한 시기를 나타낸다. 또 구괘에서부터 일음(一陰)이 생성하고, 둔괘에서 이음의 생성을, 비괘에서 삼음의 생성을, 관괘에서 사음의 생성을, 박괘에서 오음의 생성을 표현하고 나아가 곤괘에 이르면 육음이 생성하는데, 곤은 음의 극왕함이므로 일년 사계절의 끝을 나타낸다. 그 다음 복괘에서는 다시 일양이 생성하여 새로운 일년 사계절이 이어진다. 이와같이 원도는 우주의 무한한 순환법칙을 확대하여 모든 사물들이 변화발전하는 법칙을 표현한 것이다.

10) 64괘의 방위도(方位圖)

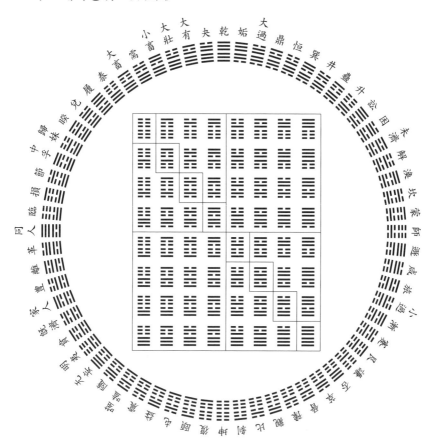

　방위도는 64괘를 건괘로부터 시작하여 여덟 개의 단계에 따라 아래서부터 위로 배열하는 구조이다. 64괘의 원도는 천을 상징하고, 방위도는 지를 상징하며, 천은 둥글고 지는 네모진 것이다. 천지는 본래 헤어질 수 없는 음양의 결합체이므로 64괘의 원도 가운데에 64괘의 방위도가 자리잡게 되어, 밖은 둥글고 안은 네모진 방원합일도를 형성하게 되었다.

원도의 중점은 시간의 흐름을 논한 것으로서 음양의 유행을 설명하는 데에 있고, 방위도의 중점은 공간의 방위를 논한 것으로서 음양의 정위 (定位)를 설명하는 데에 있다. 이와같은 원리에 의하여 방원합일도는 우주내의 시간과 공간적인 구조라고 말할 수 있으며, 이에 의거하여 천지만물과 인류 생활의 모든 것이 우주의 시간과 공간구조의 중심에 처해 있음을 알 수 있다. 하늘은 둥글고 동적(動的)이며 땅은 모나고 정적(靜的)이므로 원도는 하늘을 상징하고, 방위도는 땅을 각기 상징하며, 동남방과 서북방에 곤과 건을 배치하여 음양이 교합하는 형상으로 안정된 모습을 보인다.

11) 상수(象數)

상(象)과 수(數)는 역학에서 큰 줄기를 이끌어가는 작용을 한다. 상이란 주로 상·괘·효와 8괘가 상징하는 물상物象을 대변한다. 예를들면 계사상전에서 하늘에 있어서는 상[象 : 일월성진日月星辰], 땅에 있어서는 형[形 : 산천초목山川草木]이 바로 그것이며 이들의 상호작용이 모든 변화의 원천이 되는 것이다. 강(剛)과 유(柔)가 부딪혀서 8괘의 변화가 생긴다. 그 변화의 결합을 나타낸 것이 역이다. 이것은 우주만물의 생성의 변화를 어떤 형상에 모의(模擬)하여, 그 물체에 타당하게 형상화했으며 이를 일컬어 상이라고 하는 것이다. 또 수란 주로 천지의 수, 음양기우의 수, 대자연의 수, 시초의 수, 구육(九六)의 수 등을 가리킨다. 예를들면 하늘을 나타나내는 수는 1·3·5·7·9의 기수(奇數)이고, 땅을 나타내는 수는 2·4·6·8·10의 우수(偶數)이다. 천수(天數)와 지수(地數)가 짝 지어져 오행(五行)을 나타낸다.

천수의 합계는 25이고, 지수의 합계는 30이며 천지수의 총합계는 55 이다. 이 55의 수가 모든 변화를 나타내고, 귀신음양의 작용을 표현하 는 요소이다. 서죽산가지은 55로부터 단수를 제외한 50개이지만 실제로 쓰이는 것은 49이다. 이와같이 음양기우의 수를 궁구하여 천지만물의 상을 정하였으며, 기우의 수를 사용할 때에 비로소 음양괘상(陰陽卦象) 을 가지게 된 것이다.

주역은 그 수의 변화와 질서를 상·괘·효와 하나로 결합하여 사물의 변화를 탐구하고 예측하였다. 예를들면 2의 부호를 구(九)라 칭하고 1의 부호를 육(六)이라 칭하며, 64괘의 괘상 중에 여섯 개의 효위는 아래서 부터 위를 향하여 순서대로 초위(初位), 이위(二位), 삼위(三位), 사위(四 位), 오위(五位), 상위(上位)로 나뉜다. 점치는 과정에서도 50개의 시초를 점치는 순서에 따라서 나누면, 시초의 남은 수로부터 9·8·7·6의 서로 다른 수를 얻게 되는데, 이러한 수에 의거하여 효상과 괘상을 그려낸다. 그러나 이것은 단지 수 만을 언급하는 것이 아니고 이 수로써 상을 정 하고, 이 수와 상을 매개로 하여 그 사물의 발전 변화를 인식하고 추단 하고 예측하는 일종의 사유(思惟)방식이 상수의 작용법칙이다.

12) 원형이정元(亨利貞)

주역의 괘사에서 원형이정을 처음 언급한 괘로는 건괘의 괘사 건(乾), 원형(元亨), 이정(利貞)이다. 그 본래의 의미는 제사를 지낼 때에 점을 쳐서 이괘가 나오면 이로움을 얻는 점사이다. 그러나 후대에 와서는 서로 연결되어 병행하는 네 개의 보편적인 범주로 발전하게 되었다.

전국시대의 문언전에서는 원형이정을 인(仁)·예(禮)·의(義)·사(事)의 네 가지의 덕으로 여겼으며, 남북조(南北朝)시대에 들어와서는 원(元)은 시작이요, 형(亨)은 통(通)함이며, 이(利)는 화합이고, 정(貞)은 바름이다 라는 견해에 근거하여 원형이정을 네 개의 덕으로 삼았다. 또 천·지·인의 세 뜻으로 이 네가지의 덕을 풀이하여 천의 원형이정을 춘하추동으로 삼고 지의 원형이정을 목화금수(木火金水)로 삼았으며, 인의 원형이정을 인의예신(仁義禮信)으로 삼았다. 이에 덧붙여 네 가지의 덕을 장(長)·양(養)·성(成)·종(綜)의 뜻을 갖추고 있는 것으로서 사물의 처음부터 끝까지의 발전과정을 의미하는 것이라고 여겼다.

그리고 송시대에 이르러 원형이정을 천지만물를 생성하는 네 종류의 덕으로 규정하고 원은 만물의 시작이요, 형은 만물의 성장이요, 이는 만물의 마침이요, 정은 만물의 완성이라고 하였으며, 이것을 인의예지(仁義禮智)의 사덕에 배속시켰다. 이후 학자들은 원형이정의 이론을 더욱 발전시켜 설파하였는데 그것은 천도(天道)로써 논하면 원형이정이 되고, 사계로서 논하면 춘하추동이 되며, 인도(人道)로써 논하면 인의예지가 되고, 기후(氣候)로써 논하면 온량조습(溫涼燥濕)이 되며, 방향으로써 논하면 동서남북이 된다고 하였다. 또 원형이정의 네 단계를 하나의 순환하는 과정으로 해석하고, 곡물이 자라나는 것에 비유했는데 이는 새싹은 원이요, 벗묘는 형이며, 이삭이 팬 것은 이이고, 완전히 여문 씨앗을 정으로, 그 씨앗이 다시 생장수성(生長收成)의 변화과정으로 무궁한 순환을 계속한다는 것이다.

후에 역에서 정을 이루면 다시 원으로 시작한다는 것은 사물의 변화가 생생무진(生生無盡)하여 정의 완성으로 원이 일어난다는 의미로 받아들여졌다. 뭇 학자들은 이것으로 만사만물의 변화과정과 중정(中正)의 성취함을 논하였는데 이는 역학사에 지극한 영향을 주었다.

13) 효(爻) 384효

대성괘는 여섯 개의 효로 구성되어 있다. 괘가 때라면 효는 때에 맞게 변화가 이루어지는 이유를 말해 준다. 괘가 사상이라면 효(爻)도 곧 사상이다.

효를 양효와 음효 두 가지로 한 것은 하늘과 땅을 상징하는 것이며, 소성괘가 세 개의 효로 이루어지는 것은 천(天)·지(地)·인(人) 세 가지, 즉 삼재(三才)를 의미한 것이다.

6. 기문둔갑 구궁 기본도(奇門遁甲九宮基本圖)

낙서의 구궁 원리와 후천팔괘가 결합하여 시간과 공간을 포괄한 우주 삼라만상의 변화와 음양오행의 생화극제(生化劇劑:상생하고 화합하며, 상극하고 제재하는 관계)를 예측하여 천문과 지리, 인간 만사의 길흉을 판단한 것이 기문둔갑이며, 그 기초가 기문 구궁 기본도이다. 그 기본도 는 다음과 같다

구궁 기본도

東南間方	南	南西間方
4　　巳 辰　☴ 　　巽	9　　午 ☲ 離	2　　未 ☷　申 坤
3　震 卯　☳	5 中	7　兌 ☱　酉
8　艮 寅　☶ 丑	1　坎 子　☵	6　乾 ☰　戌 亥
東北間方	北	北西間方

東 （좌측）　西 （우측）

기문둔갑은 홍국(洪局)과 연국(烟局)으로 구분되며, 홍국은 일지(日支)를 위주로 하고, 연국은 시간(時干)을 위주로 한다. 그리고 실제적으로 활용할 시에는 홍국과 연국을 구분하지 않고 각각의 장점을 살려 함께 이용하며, 이 홍연국을 바탕으로 음양을 조화시키고 오행을 교합하여 천문·지리·인사·병술·점술·수리뿐만 아니라 술법을 행하는 데까지도 응용하였다.

기문을 작국하고 해석할 때는 구궁의 수리, 그리고 팔괘(소성괘)의 위치와 속성이 중대한 역할을 하므로 정확히 이해해야 하며, 국운과 평생국을 해석할 때는 태을 구성과 포국된 구궁의 팔괘를 결합하여 대성괘를 만들어 응용하고, 어느 순간의 단시점을 해석할 때는 천봉구성과 시가팔문을 결합하여 대성괘를 만들어 활용한다.

1) 기문둔갑의 구성

홍국	陰 음	體 체	洪局數 홍국수	太乙九星 태을구성	八卦 팔괘	日家八門 일가팔문
연국	陽 양	用 용	六儀三奇 육의삼기	天蓬九星 천봉구성	直符八將 직부팔장	時家八門 시가팔문

기문둔갑은 천지 팔방의 팔문신장과 천포구성의 별과 팔괘로써 작국하며, 천문·지리·인사 명리에 관한 일과 우주 내에서 발생하는 삼라만상의 생사·흥망·귀천 등의 모든 일에 있어서 오직 기문둔갑을 포국함

으로써 판단이 가능하다.

2) 천지반포국(天地盤布局)

태극과 음양의 사상을 바탕으로 숫자를 일으키어 우주 삼라만상의 변화를 미리 예견하고 인간 만사에 적용토록 한 것이 역학 수리의 근본이며, 이를 기반으로 한 오행의 기본수는 하늘인 천간의 갑(甲)에서 1이 시작되고, 땅인 지지는 자(子)에서 1이 시작된다.

(1) 천간 및 지지의 오행 기본수(五行基本數)

천간	甲	乙	丙	丁	戊	己	庚	辛	壬	癸		
기본수	1	2	3	4	5	6	7	8	9	10		
지지	子	丑	寅	卯	辰	巳	午	未	申	酉	戌	亥
기본수	1	2	3	4	5	6	7	8	9	10	11	12

(2) 천지반수 산출

사주의 간지를 오행의 기본수로 전환시킨 후 모두 합산한 뒤 9씩 공제한 나머지 숫자가 천지반수이다.

예) 1985년 음력 5월 21일 진시생(辰時生) 건명(乾命)

천간 기본수

$3 + 5 + 10 + 2 = 20 \div 9 = 2$ 　나머지 수 5

천반수

丙 戊 癸 乙

辰 申 未 丑

5 + 9 + 8 + 2 = 26 ÷ 9 = 8   나머지 수 8

지지 기본수   지반수

3) 기문국 중궁수(中宮數)의 배치

중궁수란 구궁의 중궁에 배치되는 상·하 2개의 수이며, 중궁 위쪽의 수는 중궁천반수(中宮天盤數)라 하고, 아래쪽의 수는 중궁지반수(中宮地盤數)라 하며, 합하여 중궁천지반수라고 한다. 만일 오행의 기본수를 합산하거나 9씩 공제한 후 나머지 결과 수가 9일 경우에는 그대로 9가 천지반수이며, 구궁에 포국한 천지반수가 곧 홍국수(洪局數)이다.

기문국의 천지반을 중궁을 중심으로 하여 한 궁씩 엇갈리게 돌리면 9×9=81 수가 나오는데, 이는 수리학 1수부터 81수까지를 산출하는 데 근본적인 바탕이 된다.

4) 기문둔갑 장신법(藏身法)과 만법귀종(萬法歸宗)

기문둔갑 장신법과 만법귀종은 동양학의 다른 학술에 없는 기문둔갑만의 비법으로서 천지 조화를 부리고, 축지법·변신술·장신술·투벽술 등을 자유자재로 행할수 있는 일종의 도술이며, 중국에서는 강태공·장자

방·제갈공명·유백온·원천강 등이, 우리나라에서는 화담 서경덕 선생을 비롯해, 토정 이지암 선생과 증산 강일순 등이 이 술법에 능했다고 전해진다.

역의 구성

數理學

역의 구성

우주에서 우주의 삼라만상이 무궁한 변화를 일으키고 있는 것은 그와 같이 추진하는 역원(力源)이 있기 때문이니, 그것을 가리켜서 변화작용의 본체라고 일컫는다.

주역에서는 이와같은 변화작용을 총칭하여 역(易)이라 불렀으며, 이를 이용하여 우주의 변화를 표현하였다. 역이 표현하는 우주의 변화는 우주가 창시되기 전 적막무짐(寂寞無朕)한 상태의 태역이 무(無)이고, 무에서 음양의 기가 뭉쳐 하나인 태극이 생성되었으며, 태극이 둘인 양의(음·양)가 되고, 양의가 넷인 사상[노음(老陰)·소양(少陽)·소음(少陰)·노양(老陽)]이 되었으며, 사상은 다시 팔괘[곤(坤)·간(艮)·감(坎)·손(巽)·진(震)·이(離)·태(兌)·건(乾)]로 분화되었다.

팔괘는 천지 만물의 형상과 형태를 상징하는 근본적이기는 하지만, 우주 만물이 변화하고 생성하는 이치는 갖추어지지 않았다. 그래서 8괘의 한 괘 한 괘를 둘씩 거듭하여 육십사괘의 주역을 만든 것이다. 이 육십

사괘는 삼라만상의 상징이며, 천지만물과 인간이 창조된 원리인 것이다. 본 장에서는 역을 구성하고 있는 역원들의 생성(生成) 과정을 우주의 공무(空無) 상태인 태역(太易)부터 차례대로 논하기로 한다.

1. 태극

1) 태극의 이해

고대 중국의 한 성인이 논하기를 우주의 시초는 무형(無形)·무기(無氣)·무질(無質)·무상(無象)의 형태로서 적막무짐한 공무(空無)의 상태에 있었기 때문에 태역(太易)이라 하였으며, 이후에 하나의 기가 형성되었을 때를 태초(太初)라 하였고, 이후 기를 형태로써 느낄 수 있었던 때를 태시(太始)라 하였으며, 이후 기를 재질로써 감지할 수 있었던 때를 태소(太素)라 하였다.

그러나 기가 생성되고부터 형태와 재질이 이루어지기까지 형질을 갖춘 개체의 물질적 조건은 구비하고 있지만 한계와 구분이 없고 볼 수도 없으며 들을 수도 없기 때문에 그것을 한덩어리로 태극이라 부른 것이다. 태극은 원기(元氣)라고도 불린다. 우주가 태극에 처해 있을 때에는 비록 음양이 분리되지 않고 아직 천지가 발생하지는 않았지만 이미 기질(氣質)은 갖추고 있었으며, 이후 태극은 음양의 두 기(氣)로 나뉘고 변화하여 천지가 되었으며, 음양 및 천지를 상징하는 건괘와 곤괘가 생겼다.

2) 태극의 뜻

태극이란, 큼·처음 태(太), 덩어리·끝 극(極)이니, 공간적으로는 큰 덩어리란 뜻이고, 시간적으로는 처음부터 끝까지라는 뜻이다. 곧 태초(太初)부터 궁극(窮極)에 이르는 과정까지의 모든 것을 포함한다는 의미이다.

태극도(太極圖)

태극으로 우주 형성의 과정을 논하면, 태극은 음양 이기가 혼돈되어 아직 분화되지 않은 상태를 말한다. 그러나 태극은 운동과 정지의 본성을 함유하고 있어 태극이 발동하면 양을 생하고 운동이 극에 이르면 곧 바로 정(靜)해지는데, 정해지면 음을 생하기 시작하고 정이 극에 이르면 발동하기 시작하는 것이다.

양동음정(陽動陰精)은 일동일정(一動一靜)의 운동으로서 상호간에 무한한 협동의 조건으로 일동일정의 순환은 끊임없이 계속되어 음양이 서로 분리될 때 천지가 확립된다고 한다. 또한 음양이 분화하여 상화 배합함으로써 목·화·토·금·수의 오행을 생출하게 되고, 오행의 기가 이치에 따라 펼쳐지면 1년 사시(四時)가 이루어진다. 그리하여 음양오행의 정수가 교묘하게 결합하여 만물의 본성을 구성하고 상호 교감으로서 생장함을 이룬다. 여기에서 만물은 생생불식(生生不息)하여 변화가 무궁하다. 따라서 우리나라를 대표하는 휘장이 무궁화에서 태극도의 모양으로 바뀐 것은 나라와 국민들을 위한 진일보된 결정이다.

3) 태극도의 원리

태극도를 보면 음양의 위·아래가 서로 그 머리와 꼬리를 둥글게 안고 있어 음양이 상호 보충한다는 의미를 가지고 있다. 즉, 양의 꼬리 부분은 쇠약함을 나타내는데 음의 상체가 이를 보충하고, 음의 꼬리 부분은 음의 쇠약함을 나타내는데 양의 상체가 이를 보충한다. 태극도에서 보여주고 있는 것과 같이 양이 쇠할 때는 음으로 이를 보충하고, 음이 쇠할 때는 양으로 이를 보완하는데, 이러한 상호 보충을 상반상성(相反上成) 또는 상호 추동(相互推動)이라고 말할 수 있으며, 상호 추동하는 중에 상호 보충 함으써 음양이 공동으로 발전하는 것이 태극의 원리이다.

태극의 음양은 마치 유성이 지구의 대기 속에 들어와 빠른 속도로 낙하하는 것과 비슷한 모습으로 동과 서로 양분되는데, 양은 중심으로부터 밖으로 동하고, 음은 반대로 밖으로부터 안으로 정하는 모습으로 그려진다. 이것을 우주 생성의 관점에서 보면 맑고 투명한 양은 밖으로 평창하여 하늘이 되고, 탁하고 흐린 음은 안으로 뭉쳐 땅이 된 것이다. 또, 태극의 그림에서 가운데의 원을 황극(皇極) 또는 유극(有極)이라고 하는데, 이는 태극의 구심점에 해당하고, 천체물리학에서 유추하는 블랙홀(Black Hole)이나 화이트홀(White Hole)과도 연관지어 볼 수 있다.

2. 양의(兩儀)와 음양(陰陽)

1) 양의(음양)의 이해

양의란, 두 가지의 생김새·모습·모양을 의미하므로 음과 양, 또는 하늘과 땅을 뜻한다. 역전의 계사전에서는 역에 태극이 있으니 이것이 양의를 낳고, 양의가 사상(四象)을 낳으며, 사상이 8괘를 낳는다라고 했는데, 태극은 음양 양획이 서로 섞여 아직 나뉘지 않은 상태를 가리키며, 양위는 음양 2효를 가리키고, 사상은 양의의 위에 각각 일기일우(一奇一偶)를 더 함으로써 이루어진 노양(老陽)·노음(老陰)·소양(少陽)·소음(少陰)을 가리키며, 8괘는 건·곤·진·손·감·이·간·태를 가리킨다. 우주 형상의 과정으로 논하면 태극은 최고 또는 최초의 실체이며, 양의는 음양이나 천지가 되고, 사상은 춘하추동의 사시가 되며, 8괘는 천(天)·지(地)·풍(風)·뢰(雷)·수(水)·화(火)·산(山)·택(澤)의 여덟 가지 자연 현상이 되는 것이다.

2) 음양의 이해

음양의 학설은, 첫째 근취제신(近取諸身) 원취제물(遠取諸物)이라 하였으니, 가까이는 몸에서 관찰하고, 멀리는 주변의 자연과 지리 및 천문학적인 고찰과 자연 현상에 대한 관찰을 통하여 기원되었다는 학설이 있으며, 둘째 주역에서 기원되었다는 학설이 있고, 셋째 남녀의 신체적인 특징에서 기원되었다는 학설이 있다. 이 외에도 여러 가지 학설이 있으나 대체로 위의 세 가지가 주종을 이루고 있다. 음양에 대한 이해는 모든 역학 관련 분야의 기초가 되므로 충분히 이해해야 한다.

음양이란, 음과 양 두 개의 개체가 서로 결합하여 이루어진 헤어질 수 없는 하나의 조직체로서 상대적(相對的)인 개념으로 분석한다.

이를테면 동적(動的)인 것과 정적(靜的)인 것, 양지와 음지, 위와 아래, 맑음과 흐림, 강함과 약함, 시작과 끝, 체(體)와 용(用)으로 나눌 수 있다. 그리고 물리적으로는 하늘과 땅, 해와 달, 여름과 겨울, 남자와 여자, 임금과 신하, 소년과 노인 등으로 나눌 수 있는데, 세상의 모든 것들을 음과 양으로 구분할 수 있으며, 이 모든 것이 곧 우주를 이루는 기본 요소들로서 우주의 변화와 자연, 그리고 인간 만사의 실상을 파악하는 데 필요한 것이다. 즉, 시간과 공간 속에서 한없이 변화하는 우주와 만물의 원리를 탐구하는 원천이 바로 음양이다.

3) 음양의 조화

이 세상에서 음양의 이치에 해당하지 않는 것은 없다. 무(無)에서 일기(一氣)로, 일기에서 음과 양, 양의로 발전하였으며, 이 음양의 조화로써 우주가 생성되고, 우주 안의 삼라만상이 창조되었다. 사람에서부터 동물·곤충·식물, 또한 미세한 박테리아까지도 음양의 조화에 의하여 번식되고, 인류의 과학 문명이나 기상 변화 등 모든 만물의 생장 성쇠가 음양의 조화에 의해 이루어진다.

　음양의 구분은, 양은 강하고 억세고 빠르고 높고 밝고 거칠고 단순한 특성이 있으며, 음은 약하고 부드럽고 느리고 낮고 어둡고 여리고 복잡한 특성이 있다. 그러나 음과 양의 구분은 음양 양단론으로만 구분지어서는 안 된다. 이를테면 남자는 양이므로 대부분 양의 특성을 가지고 태어나며, 여자는 음이므로 대부분 음의 특성을 가지고 태어나지만, 우주의 천지 조화는 남자의 특성과 여자의 특성을 보완하여 단점을 보충하고 장점을 더욱 살려서 세상을 함께 살아가도록 한 것이 음양 조화의 이치이기 때문이다. 그러나 음과 양의 구분은 딱 잘라서 어느 한쪽으로만 규정할 수는 없다. 왜냐 하면 여름의 경우 날씨는 습도가 높으므로 양이 음을 내포하고 있으며, 겨울은 날씨는 춥지만 건조하므로 음이 양을 내포하고 있는 것이다. 또 불 자체는 양이지만 불이 붙어 탈 때 불 속의 내부는 탁하고 어둡므로 음의 성질이 내포되어 있으며, 물 자체는 음이나 물 속은 맑고 투명하니 양의 성질도 내포하고 있다. 이렇듯 음이 있으면 양도 있다는 상대성으로 서로 상극과 화합을 반복하고 융화하면서 우리의 모든 일상사에 무한대적으로 영향을 미치는 것이 음양의 원리이다.

4) 오행(五行)

　오행이란 태양(太陽)·태음(太陰)·소양(小陽)·소음(小陰)과 더불어 지구(地球)의 변화하는 원리를 목·화·토·금·수의 다섯 종류의 상(象)으로 설명한 것인데 복합적인 개념을 가지고 있다. 즉, 오행에는 방위와 공간,

시간과 계절, 삼라만상의 온갖 사물들의 기본 성정을 함축하고 있으며, 우주가 변화하고 순환하는 개념을 다섯 가지 물상을 취하여 설명한 것으로 돌고 도는 오행의 이치 속에 역(易)이 변화하는 원리를 내포하고 있다.

木 火 土 金 水
목 화 토 금 수

목·화·토·금·수를 오행이라 칭한다. 오행은 나무·불·흙·쇠·물을 대변하는 기호로서 순환하는 개념을 내포하고 있으며, 돌고 도는 오행의 이치 속에서 우주 변화의 원리와 세상 만사의 흐름을 말할 수 있다.

5) 간지(干支)

음양은 오행으로 나뉘고, 오행은 다시 십간(十干)과 십이지로 발전하면서 분열과 확장을 거듭하며, 우주의 근간을 이룬다. 그러므로 십간과 십이지는 음양오행의 기운을 표현하는 가장 대표적인 기초 문자이다. 이 십간·십이지에는 음양오행에서 각자의 기운을 나타내는 수리·계절·색상·방향·맛·성품 등 온갖 기운을 암시하고 있다.

천간(天干)
甲 乙 丙 丁 戊 己 庚 辛 壬 癸
갑 을 병 정 무 기 경 신 임 계

지지(地支)

子	丑	寅	卯	辰	巳	午	未	申	酉	戌	亥
자	축	인	묘	진	사	오	미	신	유	술	해
쥐	소	범	토끼	용	뱀	말	양	원숭이	닭	개	돼지

중국 고대의 황제씨가 나라의 어려움을 바로잡고 백성들의 평안을 위해 하도(河圖)의 상생 원리를 응용하여 천간은 십간으로 하늘의 모양을 본떠 만들었고, 지지는 십이지지로 땅의 모양을 본떠 만들었으며, 열두 마리의 동물을 상징하고 있다.

(1) 간지의 음양오행

음양이 오행으로 오행은 다시 십간·십이지로 세분화되었으므로, 십간과 십이지는 근본적으로 음양오행의 기운을 내포하고 있다.

천간은 하늘을 상징하므로 하늘 천(天)자를 붙여 천간(天干)이 되었고, 지지는 땅을 상징하므로 땅 지(地)자를 붙여 지지(地支)가 되었다.

천간 甲·丙·戊·庚·壬은 양에 속하므로 양간(陽干)이라 하고, 乙·丁·己·辛·癸는 음에 속하므로 음간(陰干)이라 한다.

지지 子·寅·辰·午·申·戌은 양에 속하므로 양지(陽地)라 하고, 丑·卯·巳·未·酉·亥는 음에 속하므로 음지(陰地)라 한다.

지지의 음양 구분은 해당하는 지지 동물의 발가락 숫자에 의해 구분하는데, 예를 들면 동물들의 발가락 숫자가 홀수 1·3·5·7·9 이면 양이고, 짝수 2·4·6·8·10은 음이다.

(2) 오행의 정수(正數)

하도의 이치를 근본으로 삼아 하도 수리에 오행이 덧붙여진 것을 오행의 정수 또는 하도수라고 한다.

(1·6 水) (2·7 火) (3·8 木) (4·9 金) (5·10 土)

간지 음양오행의 정수 조견표

천간	甲	乙	丙	丁	戊	己	庚	辛	壬	癸
지지	寅	卯	午	巳	辰戌	丑未	申	酉	子	亥
오행	목		화		토		금		수	
정수	3	8	7	2	5	10	9	4	1	6
음양	양	음	양	음	양	음	양	음	양	음

6) 육십갑자(六十甲子)

천간과 지지를 양간은 양지, 음간은 음지와 순서대로 결합하면 육십갑자가 성립된다.

육십갑자 조견표

甲子	乙丑	丙寅	丁卯	戊辰	己巳	庚午	辛未	壬申	癸酉
甲戌	乙亥	丙子	丁丑	戊寅	己卯	庚辰	辛巳	壬午	癸未
甲申	乙酉	丙戌	丁亥	戊子	己丑	庚寅	辛卯	壬辰	癸巳
甲午	乙未	丙申	丁酉	戊戌	己亥	庚子	辛丑	壬寅	癸卯
甲辰	乙巳	丙午	丁未	戊申	己酉	庚戌	辛亥	壬子	癸丑
甲寅	乙卯	丙辰	丁巳	戊午	己未	庚申	辛酉	壬戌	癸亥

천간과 지지의 결합에 있어 양간과 음지, 음간과 양지는 절대로 결합하지 않는다. 천간 열 자와 지지 열두 자를 한 번씩 순환하여 돌리면 모두 여섯 번이 돌아가므로 육십 종에 이르고, 첫머리 갑(甲)자를 붙여 육십갑자라 칭한다. 따라서 모든 사람들의 생년월일시는 이 육십갑자의 어느 것에 해당하며, 결국 사주팔자란 이 간지의 결합에 의한 변화의 궁통에 있다.

7) 오행의 상생(相生)과 상극(相克)

오행간의 생하는 것을 상생(相生)이라 한다. 서로 도와주는 상생 관계는 목생화(木生火)·화생토(火生土)·토생금(土生金)·금생수(金生水)·수생목(水生木)의 다섯 가지이다. 먼저 나무로 불을 지피므로 목생화이고, 불에 타고 남은 재는 땅으로 돌아가니 화생토이며, 흙 속에서 광석을 캐내므로 토생금이고, 차가운 쇠에는 이슬이 맺혀 이 이슬들이 모여 큰물을 이루므로 금생수이며, 물에 있어야 나무가 자랄 수 있으니 수생목이다.

오행간의 극(剋)하는 것을 상극(相剋)이라 한다. 서로 다투는 상극 관계는 목극토(木剋土)·토극수(土剋數)·수극화(水剋火)·화극금(火剋金)·금극목(金剋木)의 다섯 가지이다. 나무는 흙 속을 헤집고 뿌리를 내리므로 목극토이고, 흙으로 댐을 쌓아 물을 가두거나 간척을 하므로 토극수이다. 또한 물로 불을 제압하므로 수극화이고, 불에 쇠를 달구어 녹이므로 화극금이며, 쇠로 도끼·톱·낫 등을 만들어 나무를 자르므로 금극목이다.

이와같이 상생·상극을 생각하면 상생은 좋고 상극은 나쁘다고 생각할 수 있겠으나 그것은 아니다. 그 모든 것을 어떻게 쓰여지느냐에 따라서 좋을 수도 있고 나쁠 수도 있는 법이다. 예를 들면, 어떤 오행이 약해서 상태가 나쁠 경우에는 생하는 오행을 만나면 양호한데, 만일 너무 많이 생해서 넘쳐 버리면 오히려 나쁜 결과를 초래하고, 반대로 강하면 극하거나 설기(泄氣)하는 오행을 만나야 좋은데, 너무 많이 극하거나 설기하여 부족하면 나쁜 결과가 올 수 있다. 이처럼 너무 넘치거나 부족한 오행의 생과 극은 모두 좋지 않다.

이러한 음양오행 학설을 토대로 하여 고대의 한 학자는 오행의 팔궁괘 및 괘중의 각효에 배치시키는 팔궁괘설(八宮卦說) 또는 납갑설(納甲說)을 제기하였다. 이것은 건괘에는 양금(陽金)을, 곤괘에는 음토(陰土)를, 진괘에는 음목(陰木)을, 손괘에는 양목(陽木)을, 감괘에는 수(水)를, 이괘에는 화(火)를, 간괘에는 양토(陽土)를, 태괘에는 음금(陰金)을 배치하였으며, 건·진·감·간·곤·손·이·태의 순서에 따라 64괘를 팔궁이라 일컫는 여덟 개의 조로 나누어 10천간(天干)으로 배열하고, 이에 해당하는 각효를 12지지(地支)로 배열하였다.

이것은 괘효상의 변화로 음양오행의 궁통을 표현한 것으로서, 8괘를 주괘로 삼고 그 6효의 위(位)를 종효로 삼아 주괘와 종효 사이에는 오행의 변화에 따른 생화극제(生和剋制)의 관계가 존재하는 것으로 여기고, 이로써 팔궁술로 64괘를 분별하여 목·화·토·금·수의 오성(五星)에 배치하고, 천문학중의 점성술로 인간사의 길흉을 해석하였으며, 더 나아가 기후의 이상 현상과 음양재변(陰陽災變)까지도 설명하였다. 위에서 논한 납갑설(納甲說)의 뜻은 갑(甲)이 10천간의 으뜸이 되기 때문에 납갑(納甲)이라 한 것이다.

이와같은 역의 발전은 음양 이기의 운행과 오행의 생극을 곧바로 8괘와 64괘의 틀 속에서 표현하여 서한(西漢) 이래의 자연철학을 더욱 체계화하였다. 팔궁괘설의 이론은 기문둔갑의 구궁 해석에도 유사하게 적용되며, 기문둔갑의 구궁 해석은 성명학의 수리오행과 수리학 81수의 산출에 영향을 끼쳤다.

3. 간지의 단식 판단(單式判斷)

1) 간합(干合)

간합을 부부 유정의 상이라고 칭하듯이 주로 사람들 간의 만남의 문제를 다루는 합이다. 원래 음과 양은 상극이지만, 간합이 되면 남녀가 만나서 사랑을 하고 결혼을 하듯이 합을 이룬다. 십간 중 다섯 개의 양간을 각각 다섯 번째의 특정한 간과 합이 되며, 명칭을 천간합이라고도 한다.

甲己 합 : 토   乙庚 합 : 금   丙辛 합 : 수
丁壬 합 : 목   戊癸 합 : 화

천간은 오행 기본수 甲1, 乙2, 丙3, 丁4, 戊5, 己6, 庚7, 辛8, 壬9, 癸10 가운데 5번째의 천간과 상합(相合)한다.

2) 육합(六合)

육합을 지지합(地支合)이라고 한다. 지지 12자가 만났을 때는 반드시 합·충·극·반의 작용을 일으키며, 그 중 친화적인 관계를 가지고 있는 것이 합이다. 지지는 가장 근접하게 있는 지지와 만나면 자연적으로 곧 친합이 되며, 생하는 합은 그 영향력이 증대하지만, 극하는 합은 흉성이 합치면 길로 변하고 길성이 합하면 그 작용력은 감소된다.

子 丑 합 : 토   寅 亥 합 : 목   卯 戌 합 : 화
1 10   3 6   8 5

辰 酉 합 : 금   巳 申 합 : 수   午 未 합 : 화
5 4   2 9   7 10

사주의 일지가 자(子)이고 월지가 축(丑)인 경우, 일지와 월지는 자축합(子丑合)이 된다. 합하는 순간 본래의 오행이 다른 오행으로 변하므로 합하여 어떤 오행으로 변하는지 잘 살펴야 한다.

3) 삼합(三合)

삼합이란 천인지(天人地) 삼재(三才)가 합함과 같이 십이지 가운데 그 성정에 따라 서로 화합하여 결합한 것으로서, 육합과 다른 점은 결합하

는 요소가 음양의 두 개가 아니고 세 개의 지지가 융합하여, 그 중 중심이 되는 지지의 오행으로 모두 변화한다는 점이다.

寅 午 戌 삼합 : 화   巳 酉 丑 삼합 : 금
3　7　5　　　　　　　2　4　10

申 子 辰 삼합 : 수   亥 卯 未 삼합 : 목
9　1　5　　　　　　　6　8　10

子·酉·午·卯를 중심으로 삼합이 이루어져 오행의 성정도 중심이 되는 오행의 성정으로 바뀐 것을 알 수 있다. 예를 들면, 인오술(寅午戌) 삼합의 경우 寅목은 목으로서 화를 생해 주는 능력이 뛰어나 寅목을 화의 자생지라 칭한다. 세력이 절실한 午화는 寅목을 무척이나 반긴다. 寅목은 양지인 午화를 길게 생해 주어서 힘을 주기 때문이다. 즉, 모닥불의 장작 역활을 하는 것이 寅목이다.

卯목은 음목이므로 장작의 역할을 하지 못한다. 午화는 화가 가장 왕성한 불이라 하여 불의 제왕이라 일컫는다. 戌토는 비록 토이긴 하나 화의 기운을 머금은 땅이다. 또 불을 가두는 창고 역활을 하므로 묘지(墓地) 혹은 화의 고장(庫藏)이라고 일컫는다. 화재가 난 집이 불에 탄 후 남은 것이 바로 戌토의 땅이다. 그래서 지지의 글자가 인오술(寅午戌) 삼합을 이루고 있다면 엄청난 불바다를 이루고 있는 형국이다.

4) 지지의 방합(方合)

방합이란, 같은 계절의 기운이 모여서 강력한 연합 세력을 형성하는 것을 말한다.

寅 卯 辰 방합 : 동쪽 : 목   巳 午 未 방합 : 남쪽 : 화
3 8 5   2 7 10

申 酉 戌 방합 : 서쪽 : 금   亥 子 丑 방합 : 북쪽 : 수
9 4 5   6 1 10

사주에서 방합은 지지의 삼합보다 더욱 강력한 힘을 발휘하며, 세 개의 지지 중에 가운데 글자를 포함한 두 개의 지지만 있어도 방합은 이루어진다. 세 개 지지의 결집된 기운이 사주에서 길신이 되면 대길하나, 반대로 흉신이 되면 대흉하다. 십간·십이지가 서로 친화력이 있는 기운들이 뭉쳐 합을 이루면, 그 합의 기운이 길신으로 작용할 것인지, 흉신으로 작용할 것인지는 사주의 조화를 통하여 판단해야 한다.

일반적으로 사주에서 삼합 또는 방합이 있는 사람은 조직력이 좋아 정당이나 외교·노조·조직 등의 여러 모임에서 지도력을 발휘하여 성공할 수 있다고 본다.

5) 형(刑)

간합·육합·삼합·방합은 신간·십이지의 친화력을 분류해서 설명한 것이고, 지금부터 논할 형·충·파·해는 십간·십이지의 상극을 그 정도에 따라 형·충·파·해로 분류해서 설명하는 것이다.

(1) 삼형(三刑)

주로 송사·형액·관재 구설·교통사고의 피해를 입게 되는데, 그러나 삼형이 기문둔갑이나 명리학에서 길신으로 작용할 때에는 오히려 권위·권력의 화신으로 변한다.

寅 巳 申 삼형   丑 戌 未 삼형

3 2 9   10 5 10

(2) 자형(自刑)

사주에 자묘형이 있으면 성격이 횡포하고 예의를 무시하며, 화가 나면 안하무인으로 욕설과 독설을 내뱉는다. 이 형과 더불어 사주의 구성이 좋지 않으면 마음이 혹독하여 부모 형제를 배신하고 해치는 흉조가 있다. 특히 여자는 남편으로부터 형을 받으며, 모자 사이에도 화목하지 못한다.

子 卯 형   辰 辰 형   午 午 형   酉 酉 형   亥 亥 형

1 8   5 5   7 7   4 4   6 6

사주에 자형이 있는 자는 자주 독립 정신이 박약하고 게을러서 무슨 일이든 열성이 없다. 반면, 쓸데없이 자기 주장을 내세워 적을 잘 만들고 성격도 침울하며 내심 사악하다. 그러나 사주의 구성에 따라서는 어느 한 분야에서 독보적인 존재로 성공한다. 사주의 구성에 대해서는 뒷장에서 논하기로 한다.

6) 충(沖)

형·충·파·해는 결국 서로 상극하는 오행의 극해 정도를 세분화한 것이며, 그 정도가 가장 심한 것이 충이다. 충은 천간충과 지지충이 있다.

(1) 천간충(天干沖)

천간합은 음과 양이 서로 만나 합을 이루는 것이고, 천간충은 양은 양끼리 , 음은 음끼리 만나 서로 충한다.

甲 庚 충	乙 辛 충	丙 壬 충	丁 癸 충	壬 戊 충
3 9	4 8	7 1	2 6	1 5

甲 戊 충	乙 己 충	丙 庚 충	丁 辛 충	癸 己 충
3 5	8 10	7 9	2 4	10 6

천간은 그 사람의 의지와 사고가 밖으로 드러나는 기운이다. 그러한

천간이 서로 충하면 피해가 빠르게 구체적으로 나타난다. 특히 천간 중에서도 일간(일주의 천간)이 충을 당하면 가장 흉하고, 천간과 지지가 동시에 충을 당하면 천충 지충이 되어 더욱 흉하다. 그러나 충이 반드시 나쁜 것만은 아니다. 사주의 구성에 따라 오히려 자극이 되고 좋은 변화를 가져올 때도 있다. 사주상에서 이로운 간·지가 충을 당하면 나쁘겠지만, 반대로 사주상에서 해로운 간·지를 충해서 제거해 버리면 오히려 발전하는 계기가 될 수 있다. 따라서 사주를 간명할 때는 하나만 보려 하지 말고 주변의 상황도 잘 살펴야 한다.

(2) 지지충(地支沖)

지지의 충도 천간 충처럼 양은 양끼리, 음은 음끼리 만난 충을 말한다

子午충   辰戌충   寅申충
1 7   5 5   3 9

卯酉충   丑未충   巳亥충
8 4   10 10   2 6

천간충은 의지와 사고의 충이므로 지지의 뿌리가 튼튼하면 그 충격이 완화될 수 있지만, 지지충은 뿌리까지 얽혀서 서로 충이 되므로 구제할 방법이 난감하다. 그러므로 지충은 천충보다 작용과 결과는 다소 느리지만 피해는 훨씬 강하다. 그래서 형·충·파·해 가운데 극해의 정도가 가장 심한 것이 바로 지지충이다. 충의 작용은 파괴와 변동을 나타내

는데, 사주에서 좋은 길성이 충을 당하면 관재 구설·이별·파면·교통사고·싸움 등의 분쟁이 발생하고, 나쁜 흉성이 충을 당하면 오히려 새로운 반전의 기회가 될 수도 있다.

7) 파(破)

두 기운이 서로 부딪쳐 깨어진다는 의미이며, 희생·손해, 눈에 보이지 않는 우환, 그리고 파괴와 분열을 의미한다.

子 酉 파   午 卯 파   申 巳 파
1   4   7   8   9   2

寅 亥 파   辰 丑 파   戌 未 파
3   6   5   10   5   10

특히 파는 삼합을 방해하고 깨트리는 역할을 한다. 이를테면 삼합이 있는 사주에 파가 뛰어들면 삼합이 구성되어 좋은 사주는 불길하고, 삼합이 구성되어 나쁜 사주는 반대로 파가 끼어들면서 좋은 역할을 할 수 있다.

8) 해(害)

글자 그대로 손해를 보는 것을 의미하며 좀처럼 머리를 숙일 줄 모르니 암암리에 손해를 보고 재앙·근심·증오·원망·방해를 의미한다.

子未 해	寅巳 해	申亥 해
1 10	3 2	9 6

丑午 해	卯辰 해	酉戌 해
10 7	8 5	4 5

해는 근심·원망·반복·증오·방해를 의미한다. 일반적으로 인사(寅巳)는 형살과 중복되고, 자미(子未)·축오(丑午)는 원진살과 겹치므로 자주 사용하지만, 나머지는 작용력이 미약하여 잘 쓰지 않는다.

9) 원진(元嗔)

주로 남녀간에 서로를 의심하여 풍파가 많고, 증오·이별·고독·억울함의 의미이며, 선심을 쓰고도 공덕은 없고 무시당하는 형국이다.

子未	丑午	寅酉	卯申	辰亥	巳戌
1 10	10 7	3 4	8 9	5 6	2 5

원진살은 전생에 원수라는 뜻도 있기 때문에 그 업보를 풀 듯이 만나면 다툰다.

10) 귀문(鬼門)

귀신이 몰고 오는 살인데, 정신이 이상해져 미친 행동을 잘 하고, 노이로제·우울증·근친상간 등 이해할 수 없는 일들을 저지르며, 연주와 일주의 궁이 극되면 자살이나 강탈을 당하니 주의해야 한다.

子 酉 귀	丑 午 귀	寅 未 귀	卯 申 귀	辰 亥 귀	巳 戌 귀
1 4	10 7	3 10	8 9	5 6	2 5

11) 복음

편하고 좋은 것만을 탐하고 자만심이 강하며, 쓸데없이 고집이 세고 남의 흉을 잘 보며, 표리부동하다. 그러나 기문국에서 길방(吉方)과 흉을 소멸시키는 길문(吉門)을 만나면 오히려 국무총리·국회의장·대법원장에 오를 만큼 관운이 좋다.

子 子	丑 丑	寅 寅	卯 卯	辰 辰	巳 巳
1 1	10 10	3 3	8 8	5 5	2 2

午 午	未 未	申 申	酉 酉	戌 戌	亥 亥
7 7	10 10	9 9	4 4	5 5	6 6

12) 십이신살(十二神殺)

십이신살은 일지와 연지를 기준으로 산출하는데, 예전엔 연지를 중요시하였으나 근래에는 일지의 작용을 더 강하게 본다. 십이신살을 산출하는 방법은 삼합을 이용한다.

십이신살 조견표

신살 일지·연지	지살	도화	월살	역마	육해	화개	망신	장성	반안	겁살	재살	천살
甲 子 辰	甲	酉	戌	寅	卯	辰	亥	子	丑	巳	午	未
9, 1, 5	9	4	5	3	8	5	6	1	10	2	7	10
亥 卯 未	亥	子	丑	巳	午	未	寅	卯	辰	申	酉	戌
6, 8, 10	6	1	10	2	7	10	3	8	5	9	4	5
寅 午 戌	寅	卯	辰	申	酉	戌	巳	午	未	亥	子	丑
3, 7, 5	3	8	5	9	4	5	2	7	10	6	1	10
巳 酉 丑	巳	午	未	亥	子	丑	申	酉	戌	寅	卯	辰
2, 4, 10	2	7	10	6	1	10	9	4	5	3	8	5

원래 신살은 약 140여 종에 이르고 있으나, 적중률의 부족함과 시대의

흐름에 따라 실제 활용하고 있는 것은 30여 종에 지나지 않으며, 현재는 다시 정리되어 십이신살로 정예화되었다.

(1) 지살(地殺)

지살은 항상 동분서주하여 바쁘게 돌아다니는 살로, 특히 자신의 개인적인 일보다는 조직이나 집단의 임무를 띤 이동이 많다. 이사·여행·해외 이민 등을 주관하는 살이며, 운에서 들어오면 변동·이동·원행 등을 하게 된다.

(2) 도화(桃花)

일명 연살 또는 함지살이라고도 한다. 도화는 남녀 모두 음란하고 호색하여 주색에 빠지는 살이다. 때로는 사주의 구성이 좋으면 연예계나 인기 업종에 종사하여 이름을 크게 떨치고 대성하기도 한다.

(3) 월살(月殺)

월살은 화개와 충이 되는 지지이며 일명 종교살이라고도 한다. 월살은 사고(四庫:네 개의 창고)인 辰·戌·丑·未이며, 만물이 고갈된다는 의미가 있다. 월살이 드는 날에 파종을 하거나 교미·부화 등을 하면 싹이 트지 못하고 변질된다고 한다.

(4) 역마(驛馬)

역마는 말이 달린다는 의미이며, 지살과 뜻이 비슷하나 역마는 달리는 말에 채찍을 가한 형국이므로 지살보다 작용력이 더 강하다. 사주

중의 길신이 역마에 해당하면 비약적 발전을 할 기쁨이 있고 매사가 순조롭게 움직이지만, 흉신이 역마에 해당하면 평생 안정하지 못하고 분주 다사하다.

(5) 육해(六害)

육해는 여섯 가지 액운이 자신을 해친다는 뜻으로 질액·구병·피곤을 의미하고, 잘 나가다 한번 좌절하면 한평생 운이 없고 고독하다. 그러나 육해살이 있는 사람이 원인 모르게 사업이 부진하거나 하는 일이 순조롭지 못할 때 육해살의 연·월·일·시에 공을 들이면 막혔던 일이 묘하게 풀린다.

(6) 화개(華蓋)

화개는 화려한 꽃방석의 이미지를 가질 만큼 인기가 좋다. 팔방미인의 운명으로 재주가 많고 야망도 크며 이상적인 세계를 추구하는 꿈이 있다. 화개는 辰·戌·丑·未에 해당하므로 만물을 추수하여 창고에 보관하는 역활을 하기도 하고 동시에 새로운 것을 창조하는 진리의 보고이다. 그러나 화개가 공망이 되거나 십이운성의 병·사·절과 동주하면 빈곤하고, 헛소리를 잘 하여 신용이 없다.

(7) 망신(亡身)

망신은 글자 그대로 망신을 당하는 살로서 주로 도박·주색·실패·도적·사기 등으로 패가 망신을 시키는 살이다. 사주의 구성이 좋고, 망신살이 길성과 같이 있으면 권모술수가 능하며 계산이 빠른 사람이다. 그러나 흉살과 같이 있으면 눈치는 빠르지만 천성이 게으르고 거짓말을 잘 하여 분쟁이나 송사를 잘 일으킨다.

망신살은 억울하게 죽은 객사한 귀신이므로 공을 드리는 것이 좋고, 부부가 바람을 피울 때 애인을 숨겨두는 곳은 망신살 방향이다.

(8) 장성(將星)

장성은 문무를 겸비한 장군성으로 권위가 빛나는 길성이다. 삼합의 가운데 지지가 장성이며, 십이운성의 제왕지에 해당한다. 일반적으로 장성이 있는 사주는 관계에 출입하며, 장성과 양인이 동주하면 생살 대권을 장악하고, 재성과 동주하면 국가 재정 관리의 총수가 된다.

여자 사주에 장성이 임하면 기가 너무 강해 남편을 꼼짝 못 하게 지배하고, 무슨 일이나 우물쭈물하지 않고 태도가 분명하다. 한마디로 여장부격이다. 장성이 사주에 임하면 일단 야심가이며, 용맹심이 강하고, 무슨 일이든 진취적으로 인내와 끈기가 투철하여 큰일이 닥쳐와도 무난히 극복한다. 여기서 동주한다란 함께 있다는 의미이다.

(9) 반안(攀鞍)

반안은 말안장을 뜻하는 말로 번영·출세·승진 등의 의미가 있으며, 일명 금여록이라 한다. 반안이 십이운성의 장성·관대·건록·제왕을 만나면 근면하고 정직한 행정 관료의 표상이며, 교만하지 않고 공정·공평하게 일을 추진하며, 신용이 있는 관료의 기질도 가지고 있다.

반안과 장성·역마가 만나면 말 위에 안장을 올려놓고 장군이 행군하는 기상으로 크게 출세하며 만인의 추앙을 받는다. 반안이 천을귀인과 동주하면 상인은 돈을 벌고 직장자는 승진하며 일반인은 조상의 음덕을 입게 된다. 반안살 방향으로 머리를 놓고 자면 소원이 이루어진다.

(10) 겁살(劫殺)

겁살은 강탈이나 겁탈을 당한다는 뜻이며, 십이운성의 절에 해당한다. 겁살은 도난·이별·속패·탈재·탄압·교통사고·살상·관재 구설 등의 의미가 있다. 겁살이 있고 비견·겁재·양인이 많은 사람은 재산을 파진하거나 몸을 다치는 등의 흉액을 피하기 어렵다. 그러나 겁살이 관성과 동주하고 사주의 구성이 좋으면 행정 관리의 우두머리가 되거나 군인으로서 생살 대권을 잡게 된다.

(11) 재살(災殺)

재살은 일명 수옥살이라고 일컬으며, 사주의 구성이 좋으면 사법 기관이나 권력 기관에 종사하고, 나쁘면 죄를 짓고 감옥에 들어간다. 재살은 송사·구속·강금·납치·횡액사·교통사고사 등의 의미가 있다.

재살이 형살이나 칠살·양인과 동주하면 권력은 행사할 수 있으나 교통사고 등의 불측의 재난을 당한다. 재살과 인수가 만나면 구속을 면할 수 없으나 오히려 전화위복이 되어 유명해진다. 바로 독립투사·혁명가·열사 등이 이에 해당한다.

(12) 천살(天殺)

천살은 하늘이 내리는 벌이며, 불의의 천재지변을 당하는 살이다. 천살은 벼락·홍수·지진·태풍·가뭄·열병·정신질환·불치병 등의 의미가 있다.

천살이 칠살(편관)을 만나면 반항적이고 급진적인 면이 강하므로 시비 구설을 자초하는 경우가 많다. 천살이 발동하여 재난을 당하면 반안살 방향으로 가서 치료하거나 반안살 방향으로 머리를 두고 자면 효과를 본다.

13) 길성(吉星)

형·충·파·해와 흉성, 그리고 십이신살 등은 음양오행의 기운이 나쁘게 작용하고 서로 대립하는 관계를 설명하였으나 길성, 즉 길신은 음양오행의 기운이 바르게 작용하고 서로 친화하는 이치를 설명하고 있다.

(1) 천을귀인(天乙貴人)

천을귀인은 일간을 기준으로 하여 연·월·일·시와 대조한다. 천을귀인은 길신 중의 길신이며, 귀인의 음덕으로 위기에서도 구원을 받게 되며, 모든 일에 일체의 흉살을 제거하여 평생을 안락하게 살 수 있는 길성중의 길성이다.

일간	甲	戊	庚	乙	己	丙	丁	壬	癸	辛
천을귀인	丑 未			子 申		亥 酉		巳 卯		午 寅
수리	10,10			1, 9		6, 4		2, 8		7, 3

사주에 천을귀인이 있으면 지혜가 총명하며, 흉이 변하여 길하여지고, 일찍 출세하며, 문장이 높아 세인의 존경을 받는다. 귀인이 왕성한 십이

운성과 같이 있으면 한평생 복이 많고, 사·절·병 등 약한 십이운성과 동거하면 복이 없다.

(2) 금여(金輿)

사주 명리학에서 가장 중요한 점은 사주의 주인공인 일간(일주의 천간)이 어떤 지지의 기운을 만나야 힘을 얻고 복을 받는지가 매우 중요하다.

일간	甲	乙	丙	丁	戊	己	庚	辛	壬	癸
금여	辰	巳	未	申	未	申	戌	亥	丑	寅
수리	5	2	10	9	10	9	5	6	10	3

금여는 온후·유순·준수·음덕·절의 등을 특성으로 하고 자연의 행복을 받을 암시가 많다. 금여가 사주에 많으면 몸가짐에 절도가 있고 인물이 준수하여 온화하다. 남자는 탐구적인 면이 강하고 처가의 덕을 본다. 여자는 대체로 미모가 빼어나고 결혼운도 좋다. 주로 황족이나 귀족 등의 명문가 사주에 금여가 많다.

(3) 암록(暗祿)

사주에 암록이 많으면 한평생을 통해 재물이 떨어지지 않고 남이 모르는 복록이 많으므로 항상 뜻밖의 귀인을 만나 위험에서 벗어난다.

일간	甲	乙	丙	丁	戊	己	庚	辛	壬	癸
암록	亥	戌	申	未	申	未	巳	辰	寅	丑
수리	6	5	9	5	9	10	2	5	3	10

월지나 일지가 암록이면 사람됨이 건전하고 자립심이 강해 자수성가한다. 사주의 격국이 좋고, 희신의 도움이 있으면 일생 복록이 왕성하나 그 행복을 깨는 형·충을 싫어한다.

(4) 정록(正祿)

일명 건록이라 한다. 정록은 관록·작위를 얻었다는 뜻으로 만사형통하는 작용을 하는 길신으로 본다. 일간이 튼튼한 뿌리를 얻어 강건한 정신과 육체로 무슨 일이든 목적을 이룬다.

일간	甲	乙	丙	丁	戊	己	庚	辛	壬	癸
정록	寅	卯	巳	午	巳	午	申	酉	亥	子
수리	3	8	2	7	2	7	9	4	6	1

정록은 관성·인성·식신과 합을 좋아하나 형·충을 싫어한다. 사주의 격국이 좋고 희신의 도움이 있으면 복록이 왕성하고 일생이 편안하니 그 행복을 깨는 형·충을 싫어한다. 월지나 일지가 녹(祿)이면 사람됨이 건전하고 자립심이 강하여 자수성가한다.

(5) 문창성(文昌星)

문창성이 임하면 지혜가 있고 총명하며, 사주 속의 흉성을 길하게 만든다. 그러나 문창성이 충이나 합 또는 공망이 되면 그 길작용을 못한다.

일간	甲	乙	丙	丁	戊	己	庚	辛	壬	癸
문창성	巳	午	申	酉	申	酉	亥	子	寅	卯
수리	2	7	9	4	9	4	6	1	3	8

문창성은 학문의 보고로서 비범하고 뛰어난 문장가이며, 풍류를 즐기는 낭만이 있다. 사주에 문창성이 있고 비겁이나 양인이 있으면 문창성의 효험이 더욱 크다. 그 까닭은 인간이 신왕해야 모든 복을 취할 수 있기 때문이다.

(6) 천의성(天醫星)

일명 활인성이라 한다. 천의성이 사주에 있으면 남의 인명을 구해 주는 의사·종교인·간호사·약사·소방관 등에 종사하게 된다.

월지	寅	卯	辰	巳	午	未	申	酉	戌	亥	子	丑
천의성	丑	寅	卯	辰	巳	午	未	申	酉	戌	亥	子
수리	10	3	8	5	2	7	10	9	4	5	6	1

천의성은 월지를 기준으로 타지와 대조하는데, 주로 사회사업이나 힘들고 어려운 사람을 구제하는 직업에 종사한다. 사주상의 재성이 건전하고 천의성이 동주하거나 타지에 있으면 어질고 명망 있는 의사로서 이름을 떨친다.

이상으로 설명한 것이 사주 속에 길신이든 흉신이든 있을 경우, 그것은 어디까지 길신이나 흉신의 그 자신 하나만의 운명이 사주에 작용하는 영향력을 판단한 것이다. 사주를 추명함에 있어 길신이나 흉신만으로 모든 것을 판단할 수 없는 법이다. 길신도 형·충·파·해를 당하면 제 능력을 발휘할 수 없고, 흉신도 때로는 전화위복이 되어 길신의 작용을 하기도 한다. 이렇듯 길신으로 작용을 할 것인지, 아니면 흉신으로 작용을 할 것인지는 무엇보다 음양오행의 강약과 천간·지지의 조화를 통하여 판단해야 한다는 사실을 명심하기 바란다. 또한 수리학에서 자신에게 맞는 고유번호의 산출시에도 역시 그러하다. 흉살에 해당하는 수리가 고유번호에 구성이 되어도 전체의 수리에 조화가 이루어지고 균형이 맞으면 아무런 상관이 없는 것이다.

81수의 길흉(吉凶)

數理學

제4장

81수의 길흉(吉凶)

　81수의 영묘한 작용력은 각각의 수리 또는 글자의 획수와 원·형·이·정격, 그리고 천·인·지·외·총격의 기운이 상호 연관되면서 본인의 의사와는 관계 없이 각 수가 의미하는 운의 흐름에 의해 인간 만사에 각종 변화를 유발하므로, 좋은 수리만을 이용하여 수리의 배열과 이름을 지을 수 있도록 각별히 유의해야 한다.

수(數)	격(格)	운의 행로(行路)	수가 내포하고 있는 의미
1수 (길)	太初格 태초격	富貴長壽運 부귀장수운	입신양명, 온건착실 두뇌명철, 권세위력
2수 (흉)	分離格 분리격	萬事破壞運 만사파괴운	분리파괴, 원기부족 육친무덕, 중도좌절
3수 (길)	名譽格 명예격	運氣旺盛運 운기왕성운	부귀명예, 재기부흥 입신출세, 지도적 인물
4수 (흉)	否定格 부정격	廢物之輩運 폐물지배운	정신박약, 가족불화 일생고난, 성공불능

5수 (길)	成功格 성공격	萬物始生運 만물시생운	부귀권위, 행복건강 복록장수, 일약출세
6수 (길)	福德格 복덕격	明理智達運 명리지달운	선견지명, 이지발달 명진사해, 지모탁월
7수 (길)	發達格 발달격	獨立能成運 독립능성운	처세탁월, 재지우수 부귀영달, 성품영민
8수 (길)	功名格 공명격	大業完遂運 대업완수운	두뇌명석, 만년발달 신념강직, 근면성실
9수 (흉)	不安格 불안격	內心困苦運 내심곤고운	횡액단명, 진로막연 만사쇠퇴, 재액연속
10수 (흉)	虛妄格 허망격	變死短命運 변사단명운	부부상별, 초도좌절 정신빈약, 병약단명
11수 (길)	興家格 흥가격	名利兼備運 명리겸비운	부귀명예, 지상행복 순풍순성, 재복겸비
12수 (흉)	空虛格 공허격	貧窮苦痛運 빈궁고통운	덕망부족, 심신고독 연약부진, 허송세월
13수 (길)	發展格 발전격	智慧聰明運 지혜총명운	인품준수, 일생평안 대업성공, 아량융합
14수 (흉)	滅亡格 멸망격	心身不安運 심신불안운	허욕발동, 동분서주 투기심리, 재물낭비
15수 (길)	天福格 천복격	順調發達運 순조발달운	선견지명, 태평세월 지모겸비, 자손두각
16수 (길)	隆昌格 융창격	頭腦明晳運 두뇌명석운	의지담대, 적기성공 대업완수, 노소공대
17수 (길)	新成格 신성격	富貴功名運 부귀공명운	기초튼튼, 온건착실 의외재물, 부귀안락
18수 (길)	前進格 전진격	勤勉發展運 근면발전운	연구발명, 재능출중 재물풍부, 초지일관
19수 (흉)	破滅格 파멸격	破害祖産運 파해조산운	비애흉사, 일생비탄 인내부족, 패가망신

20수 (흉)	終末格 종말격	失意悲哀運 실의비애운	인덕부진, 유리객지 소신나약, 만사불통
21수 (길)	時來格 시래격	發達亨通運 발달형통운	노력성공, 만인추앙 목적달성, 만년평안
22수 (흉)	災禍格 재화격	損害災厄運 손해재액운	지상불행, 유리객지 결실부족, 멸망중중
23수 (길)	榮華格 영화격	大業成就運 대업성취운	명리취득, 재복겸비 만인신망, 근면노력
24수 (길)	出世格 출세격	富貴繁榮運 부귀번영운	권세취득, 부귀번영 만사형통, 진취기상
25수 (길)	大智格 대지격	智謨遠大運 지모원대운	성공영달, 육친유덕 충직성실, 노력대가
26수 (흉)	未運格 미운격	百戰百敗運 백전백패운	중년불행, 대사난관 근근연명, 중도좌절
27수 (흉)	悲哀格 비애격	一葉片舟運 일엽편주운	일시성공, 만년고독 파란변동, 가정불운
28수 (흉)	破滅格 파멸격	災禍連續運 재화연속운	재앙연속, 대소고통 자손불운, 정의무산
29수 (길)	安康格 안강격	初年發達運 초년발달운	전화위복, 만사여의 자립대성, 덕망구덕
30수 (흉)	不測格 불측격	變動波亂運 변동파란운	수시변동, 허영발동 조난역경, 비방대상
31수 (길)	將星格 장성격	衆人尊敬運 중인존경운	대업달성, 중인영도 만인덕망, 무한발전
32수 (길)	順風格 순풍격	順風巨帆運 순풍거범운	행복지위, 대업성취 상당안락, 난관해결
33수 (길)	公明格 공명격	名振四海運 명진사해운	대업완수, 행로평탄 지모출중, 부모유덕
34수 (흉)	無常格 무상격	大海風波運 대해풍파운	흥망파란, 가정파란 일시영달, 고독불구

35수 (길)	健暢格 건창격	更新暢達運 갱신창달운	사업성공, 두뇌영특 다재다능, 재물창성
36수 (흉)	遭難格 조난격	勞大功少運 노대공소운	정신쇠약, 성격변태 진로막연, 발전지장
37수 (길)	人德格 인덕격	大事經綸運 대사경륜운	부귀겸전, 오복초래 만사성취, 덕망구비
38수 (길)	成功格 성공격	大業成功運 대업성공운	충실열성, 수복장수 위세관중, 대귀현출
39수 (길)	高名格 고명격	萬事如意運 만사여의운	부귀영화, 명리겸득 지혜총명, 자손여경
40수 (흉)	難免格 난면격	意外波亂運 의외파란운	재능박약, 진퇴유곡 불측지변, 도처악재
41수 (길)	躍進格 약진격	滿花芳暢運 만화방창운	만사여의, 진취기강 흥전길화, 일약약진
42수 (흉)	災難格 재난격	變化不測運 변화불측운	패가망신, 과욕패망 공허실의, 만사장애
43수 (흉)	衰退格 쇠퇴격	空虛失意運 공허실의운	인덕부족, 전진암초 무지무능, 고독운명
44수 (흉)	孤獨格 고독격	晩年凄凉運 만년처량운	의지부족, 기운쇠약 만년고난, 성공부진
45수 (길)	安康格 안강격	意志堅固運 의지견고운	명예충천, 만인존경 포부원대, 대해순풍
46수 (흉)	愚昧格 우매격	進退不定運 진퇴부정운	육친무덕, 가세불안 조난횡액, 인연박약
47수 (길)	自來格 자래격	家勢繁昌運 가세번창운	대업완성, 명예획득 재물만창, 초지일관
48수 (길)	名智格 명지격	大難克服運 대난극복운	세력충천, 천하통솔 일약발전, 공명영달
49수 (흉)	薄弱格 박약격	大事難望運 대사난망운	금전손괴, 처자상별 가산탕진, 노년곤고

50수 (흉)	受難格 수난격	表裏不同運 표리부동운	운기쇠퇴, 횡액단명 일가파탄, 재화속출
51수 (흉)	破壞格 파괴격	煩惱失敗運 번뇌실패운	일시성공, 중도실패 가정파란, 고독병폐
52수 (길)	統率格 통솔격	自立成功運 자립성공운	천하통솔, 식록풍부 세력충천, 행로평탄
53수 (흉)	苦難格 고난격	虛慾損財運 허욕손재운	허송세월, 심신피로 원기부족, 고독행진
54수 (흉)	短命格 단명격	德望缺乏運 덕망결핍운	가정불우, 환경불우 중도좌절, 부부상전
55수 (중길)	時乘格 시승격	自進自立運 자진자립운	무유창조, 자수성가 인격고매, 만사여의
56수 (흉)	空虛格 공허격	意志薄弱運 의지박약운	심신허약, 중도실패 파란곡절, 조실부모
57수 (길)	隆昌格 융창격	大志大業運 대지대업운	정신확고, 재물권세 사회명망, 상당지위
58수 (길)	勇進格 용진격	名聲四海運 명성사해운	만사여의, 의지관철 지혜덕망, 재물융성
59수 (흉)	病厄格 병액격	病難不具運 병난불구운	만사실패, 평생불만 건강장애, 재앙속출
60수 (흉)	離散格 이산격	波瀾重疊運 파란중첩운	과대망상, 재앙흉성 정신박약, 노력수포
61수 (길)	福壽格 복수격	安康多福運 안강다복운	재물풍족, 수복만창 다재다능, 만인신망
62수 (흉)	不定格 부정격	刑厄被禍運 형액피화운	파란곡절, 진로장애 심신허약, 중년좌절
63수 (길)	隆昌格 융창격	智勇得志運 지용득지운	권세위력, 일취월장 지혜덕망, 지모출중
64수 (흉)	吉凶格 길흉격	極盛極衰運 극성극쇠운	심신허약, 부부상잔 근근연명, 고독역경

65수 (길)	昇天格 승천격	萬人推仰運 만인추앙운	만인칭송, 두뇌명철 처세탁월, 덕망겸비
66수 (흉)	遭難格 조난격	波瀾曲折運 파란곡절운	연약부진, 조실부모 심신허약, 처자상별
67수 (길)	蓄財格 축재격	漸進成功運 점진성공운	계획치밀, 사회명망 부귀안락, 정신확고
68수 (길)	立身格 입신격	子孫餘慶運 자손여경운	의지관철, 대업완수 자력성취, 상당지위
69수 (흉)	中折格 중절격	慾望無限運 욕망무한운	역경방황, 고독병고 가산탕진, 처자극해
70수 (흉)	苦難格 고난격	廢疾短命運 폐질단명운	유두무미, 도처악재 진로장애, 재능박약
71수 (길)	獨立格 독립격	初志貫徹運 초지관철운	만사통달, 근면성실 선인은덕, 인내성공
72수 (길)	前進格 전진격	自手成功運 자수성공운	만민모범, 자손영달 통솔저력, 만사능숙
73수 (길)	統御格 통어격	智謀兼備運 지모겸비운	백화만발, 인격고매 대통치자, 안과태평
74수 (흉)	破壞格 파괴격	諸事不成運 제사불성운	인덕부족, 흉년패망 내외불화, 독좌탄식
75수 (길)	首領格 수령격	智謀出衆運 지모출중운	만사여의, 다재다능 재복원만, 선견지명
76수 (흉)	無功格 무공격	困苦失敗運 곤고실패운	위력결핍, 일생부침 가족상별, 재화연속
77수 (흉)	沈滯格 침체격	敗家亡身運 패가망신운	일생부침, 가정불행 파란중첩, 중도실패
78수 (흉)	不安格 불안격	病難不具運 병난불구운	근난역경, 흉진전패 고독단명, 재사불성
79수 (흉)	苦行格 고행격	意志薄弱運 의지박약운	육친무덕, 중도좌절 분리파괴, 의지박약

80수 (흉)	魔障格 마장격	波瀾自招運 파란자초운	가족상별, 동분서주 일생부침, 신용결핍
81수 (길)	還元格 환원격	長壽繁榮運 장수번영운	지략출중, 재덕겸비 만사형통, 수복겸전

만일 81수가 넘으면 80을 뺀 나머지 수를 적용하면 된다. 예를 들면, 88수가 있다면 80을 뺀 나머지 수인 8수로써 길흉을 논한다.

수리의 배열과 작명시에는 반드시 이름자의 획수와 원·형·이·정격, 또는 천·지·인·외·총격의 배열이 길(吉)수가 되도록 구성해야 한다.

:: 수의 작용력 ::

81수의 형성은 음양오행의 근본적인 원리와 하도·낙서의 이치를 응용하여 이루어졌으며, 각각의 수는 그 수마다 운세의 길흉을 암시하고 각격의 배치와 상호 연결에 의하여 각종 변화를 일으킨다. 각 수가 내포하고 있는 특수성을 정리하면 다음과 같다.

1. 길(吉)한 수 : 명예·번영·행복·건전·장수 등을 암시하는 수
   1·3·5·6·7·8·11·13·15·16·17·18·21·23·24·25·29·31·32·33·
   35·37·39·41·45·48·52·55·57·63·65·67·68·81

2. 흉(凶)한 수 : 비운·역경·병난·박약·조난 등을 암시하는 수
   2·4·9·10·12·14·19·20·22·26·28·34·42·43·44·46·49·50·

56·59·60·62·64·66·69·70·74·76·77·78·79·80

3. 대성공의 수 : 부귀·복록·대업 성취·만사 형통·권세 충천 등을 암시
하는 대길수

1·3·5·7·8·11·13·15·16·17·18·21·23·25·26·29·31·32·33·37·
39·41·45·47·48·52·57

4. 여성이 남성의 발전을 저해하거나 부부간에 생리사별이 따르는 불
목의 흉한 수

9·10·12·14·17·19·20·23·26·27·28·29·30·34·36·42·43

5. 비록 재물이 풍족해도 가정 파탄을 불러들이는 불행한 수

20·34·64·80

6. 재물을 풍성하게 모을 수 있는 횡재의 수

15·16·24·29·33·41·52·65

7. 재물을 흩뜨리고 파괴하는 파재의 흉한 수

2·4·9·10·12·14·19·20·22·26·27·36·40·50·80

8. 질병에 약하고 불의의 재화가 침범하기 쉬운 흉한 수

2·4·9·10·12·14·19·20·22·26·28·30·34·36·40·42·44·46·
54·60·69·70·80

9. 정치가나 군인으로서 크게 성공할 수 있는 길한 수

3·16·21·23·31·33·39

10. 문학·예술·발명·철학·언론 계통으로 크게 성공할 수 있는 길한 수

3·13·21·23·24·25·29·31·33·35·38·39·41·45·48·52·63·67·68

11. 실업가나 정치인으로 크게 성공할 수 있는 길한 수

7·8·11·17·18·21·25·31·32·37·41·47

이상 각각의 수리는 원·형·이·정격과 천·지·인·외·총격의 어느 격에 해당해도 영도력을 발휘하지만, 그 중에서도 형격·정격 그리고 천격·총격에서 강하게 작용하며, 각 이름 글자의 수리와 조화를 이루고 음령오행의 배열과 적절하게 배치가 되면 운로에서 강력하게 영도력을 발휘하여 흉성을 해소하므로 수리의 배열이나 이름을 지을 때는 각 격의 수리와 음양오행 등의 상호 연관성에 의한 변화에 각별히 유념해야 한다.

그리고 한방(漢方)에서 부자(附子)는 맹렬한 극약(劇藥)에 해당하지만 양기가 허하고, 체온이 부족한 병에는 양호하여 약재로 쓰이듯이 아무리 흉한수 일지라도 자신의 명과 합치하고, 또 용신의 수에 해당한다면 사용해도 무방하다.

數理學

제1장

역(易)이란 무엇인가

數理醫學

제5장

육신(六神)

육신이란 일간을 기준으로 사주의 천간과 지지를 대조하여 그 사이에서 일어나는 운명의 작용력에 대한 정도를 육신으로 표출한 것이며, 이것은 음양오행의 생과 극을 표현하는 운명 감정의 대표적 상징을 나타낸 것이다. 따라서 음양오행의 대명사라 할 수 있으며, 사주 감정에서 가장 중요한 것 중의 하나이다.

육신에는 비견·겁재·식신·상관·정재·편재·정관·편관·정인·편인의 열 가지이므로 일명 십신이라 칭한다. 이들 중에서 비견과 겁재는 격을 이루지 못하므로 그대로 두고 식신과 상관을 묶어 식상으로, 정재와 편재를 재성으로, 정관과 편관을 관성으로, 정인과 편인을 인성으로 묶어 총 여섯 종류이므로 육신이라고 하는 것이다.

육신은 일간을 중심으로 하여 사주상의 전 간지와 대조해서 산출하는 것이므로 이에 의하여 표출되는 운명적 암시는 최소한 십여 항에 달할 것이다. 이것을 산출한 육신에 의하여 감정하려면 판단하는 운명의 정도가 어디까지인지 알 수 없어 혼란에 빠지게 되므로, 사주상의 연·월·일·시주가 예지하고 있는 운명적인 암시를 쉽게 이해하기 위하여 사주상의 각주가 대변하고 있는 범위를 정리하면 다음과 같다.

연주 : 사주 중 연의 간지가 암시하는 운명은 한평생을 통한 것이며, 이를 대인 관계로 보면 선조 및 상사를 말한다.

월주 : 주로 성년 후의 운명을 암시하며, 대인 관계로 보면 부모·형제·자매를 말한다.

일주 : 일의 천간을 중심으로 하여 다른 간지를 대조하므로 일주는 지지만 대조의 대상이 된다. 일의 지지가 암시하는 운명은 주로 배우자의 일신상의 문제와 청년시대를 말한다.

시주 : 주로 유년과 노년의 운명을 암시하며, 대인 관계로는 자손 및 아랫사람과의 관계를 말한다.

사주 팔자를 분류하여 명칭을 붙이면 다음과 같다.

시간	일간	월간	연간	사주
壬	戊	甲	丙	천간
戌	寅	子	申	지지
시지	일지	월지	연지	

일간을 중심으로 사주상의 모든 간지를 대조하여 육신을 산출한다.

1. 육신의 산출

육신은 비견·겁재·식신·상관·정재·편재·정관·편간·정인·편인의 십종이 있는데, 일간(日干)과 타주의 천간을 대조한 육신의 산출은 천성이라 하고, 일간과 지지를 대조한 육신의 산출을 지성이라 한다.

1) 먼저 천간의 육신을 산출하는 법을 알아보자.

비견 : 일간과 동일한 오행이며 음양이 같은 것

겁재 : 일간과 동일한 오행이며 음양이 다른 것

식신 : 일간이 생하는 오행이며 음양이 같은 것

상관 : 일간이 생하는 오행이며 음양이 다른 것

편재 : 일간이 극하는 오행이며 음양이 같은 것

정재 : 일간이 극하는 오행이며 음양이 다른 것

편관 : 일간을 극하는 오행이며 음양이 같은 것

정관 : 일간을 극하는 오행이며 음양이 다른 것

편인 : 일간을 생하는 오행이며 음양이 같은 것

정인 : 일간을 생하는 오행이며 음양이 다른 것

육신의 산출을 조견표로 정리하면 다음과 같다.

육신 조견표

일간＼육신	비견	겁재	식신	상관	편재	정재	편관	정관	편인	정인
甲	甲	乙	丙	丁	戊	己	庚	辛	壬	癸
乙	乙	甲	丁	丙	己	戊	辛	庚	癸	壬
丙	丙	丁	戊	己	庚	辛	壬	癸	甲	乙
丁	丁	丙	己	戊	辛	庚	癸	壬	乙	甲
戊	戊	己	庚	辛	壬	癸	甲	乙	丙	丁
己	己	戊	辛	庚	癸	壬	乙	甲	丁	丙
庚	庚	辛	壬	癸	甲	乙	丙	丁	戊	己
辛	辛	庚	癸	壬	乙	甲	丁	丙	己	戊
壬	壬	癸	甲	乙	丙	丁	戊	己	庚	辛
癸	癸	壬	乙	甲	丁	丙	己	戊	辛	庚

2) 다음은 지지의 육신 산출법을 알아보자.

지지도 천간과 마찬가지로 일간과 지지를 대조하여 산출하는데, 지(支)를 간(干)으로 변화시켜 육신을 산출하는 점이 다르다. 육신은 어디까지나 간과 간을 상호 대조하여 산출하는 것이므로 지지의 경우 그 지가 보유하고 있는 간의 기운을 표출하여 일간과 대조한다. 원래 지지 속에는 천간의 기운이 들어 있는데, 이를 지장간이라 한다.

간은 하늘을 상징하고 지는 땅을 상징하는데, 대지가 초목을 키우고 오곡백과를 풍요롭게 하는 것은 하늘의 양기를 받아들임으로써 가능한 것이므로 하늘의 상징인 간이 땅의 상징인 지 속에 내재되어 있다고 보

는 것이다. 이것을 지장간(支藏干)이라 한다. 지장간은 여기(餘氣)·중기
(中氣)·정기(正氣)로 삼분되는데, 여기는 절기는 변했으나 아직도 앞절기
지지의 영향하에 있는 것을 나타내고, 중기는 여기에서 정기에 이르는
중간의 기로서 그 지가 삼합하여 변하는 오행의 간을 취한 것이며, 정기
는 그 지가 지닌 오행과 동일한 간을 취한 것이다. 여기·중기·정기의 삼
기가 보유하고 있는 간의 표시를 장간 분야라고 일컫는데, 그 분야는 십
이지에 따라서 두세 가지의 간의 기운을 내포하고 있다.

십이지의 장간 분야는 다음과 같다. 장간 분야는 지지를 월지에 해당
시켜볼 때의 편의를 위하여 소수점 이하는 생략하기로 한다.

장간 분야표

장간＼지지	子	丑	寅	卯	辰	巳	午	未	申	酉	戌	亥
여기	壬 10	癸 9	戊 7	甲 10	乙 9	戊 7	丙 9	丁 9	戊 7	庚 10	辛 9	戊 7
중기		辛 3	丙 7		癸 3	庚 7	己 10	乙 3	壬 7		丁 3	甲 7
정기	癸 20	己 18	甲 16	乙 20	戊 8	丙 16	丁 11	己 18	庚 16	辛 20	戊 18	壬 16

지지의 寅목 속에는 戊토가 7일, 丙화가 7일, 甲목이 16일로 분류되어
있는데, 가령 음력 1월인 寅월에 출생한 사람이 있다고 가정하면, 1월의
입춘일은 양력 2월 4일부터 시작이므로 2월 4일부터 7일간은 여기인 戊
토를 취하여 육신을 산출하고, 2월 11일부터 7일간은 중기인 丙화를 취
하여 육신을 산출하며, 양력 2월 18일부터는 정기인 甲목을 취하여 육

신을 산출한다. 즉, 같은 寅월생이라 하더라도 여기에 태어난 사람은 戊토의 기운을 받고 태어났으며, 중기에 태어난 사람은 丙화의 기운을 받고 태어났고, 정기에 태어난 사람은 甲목의 기운을 받고 태어난 사람이다. 그래서 만약 일주가 토인 사람이 戊토인 여기에 태어났다면 토가 기운을 받고 태어났으니 일주가 강하게 되고, 일주가 수인 사람은 정기인 甲목의 기운을 받고 태어났다면 목이 일간인 수의 기운을 설기하였으니 그 기운은 쇠약해지는 것이다.

이렇듯 지장간은 태어난 그 달의 시간과 공간을 지배하는 우주의 본래의 기운을 육신으로 표출하여 사주의 격국(그릇)과 사주의 조화를 알아내고 추명하는 데 매우 중요한 역활을 한다. 항간에는 계절의 어느 때를 막론하고 지지의 오행을 표시하는 정기의 간을 취하여 육신을 산출하는 것이 옳다는 주장도 있으나, 저자는 같은 절기에 태어났더라도 날짜의 일수에 의하여 여기·중기·정기의 간을 교대로 취하는 것이 옳다고 생각한다.

여기에서 한 가지 주의할 점은 巳화와 亥수는 체가 음이지만 육신의 산출시에는 양으로 작용하며, 子수와 午화는 체가 양이지만 육신의 산출시에는 음으로 작용한다는 점을 유념해야 한다.

사주 팔자의 육신을 산출하는 예를 들면 다음과 같다.

예) 경오년(庚午年) 음력 3월 16일 해시생(亥時生) 남자

상관		편재	편재
己	丙	庚	庚
亥	申	辰	午
편관	편재	식신	겁재

대운을 산출하는 방법도 동일하다.

비견	정인	편인	정관	편관	정재
丙	乙	甲	癸	壬	辛
戌	酉	申	未	午	巳
식신	정재	편재	상관	겁재	비견
58	48	38	28	18	8

예) 계해년(癸亥年) 음력 5월 4일 오시생(午時生) 여자

정재	식신	상관	비견	겁재	편인		식신		정인	식신
甲	癸	壬	辛	庚	己		癸	辛	戊	癸
子	亥	戌	酉	申	未		巳	未	午	亥
식신	상관	정인	비견	겁재	편인		정관	편인	편관	상관
59	49	39	29	19	9					

2. 육신의 상생 · 상극

음양오행의 상생·상극과 같은 이치로 육신도 상생·상극을 한다.

1) 상생(相生)

비겁생식상(比劫生食傷) : 비견·겁재는 식신·상관을 생하고

식상생재(食傷生財) : 식상·상관은 재성을 생하고

재생관(財生官) : 재성은 관성을 생하고

관생인(官生印) : 관성은 인성을 생하고

인생비겁(印生比劫) : 인성은 비견·겁재를 생한다.

2) 상극(相克)

비겁극재(比劫克財) : 비견·겁재는 재성을 극하고

재극인(材克印) : 재성은 인성을 극하고

인극식상(印克食傷) : 인성은 식신·상관을 극하고

식상극관(食傷克官) : 식신·상관은 관성을 극하고

관극비겁(官克比劫) : 관성은 비견·겁재를 극한다.

3) 육친(肉親)에 비유한 육신(십신)의 상생 · 상극

육신의 상생·상극을 보면 우리가 살아가는 이치가 그대로 들어 있다.

(1) 상생

인생비겁(印生比劫) : 어머니는 나에게 무조건의 사랑을 베푼다.

비겁생식상(比劫生食傷) : 나는 장모님과 할머니가 무조건 좋다.

식상생재(食傷生財) : 장모님은 시집간 딸(나의 아내)이 애처로워 틈만나면 도와주신다.

재생관(財生官) : 아내는 오직 나와 아이들만을 위해 애쓴다.

관생인(官生印) : 아들은 어머니·할머니께 효도를 한다.

(2) 상극

비겁극재(比劫克財) : 나는 아내와 돈을 관리한다.

재극인(財克印) : 아내는 나의 어머니와 항상 긴장 관계에 있다.

인극식상(印克食傷) : 어머니는 장모님 앞에서는 기가 살고, 할머니도 어머니의 눈치를 살핀다.

식상극관(食傷克官) : 손자는 할머니를 잘 따르고 순종한다.

관극비겁(官克比劫) : 나도 자식만큼은 내 뜻대로 안 되어 자식 이기는 장사 없다는 탄식을 한다.

육신의 육친에 대한 비유는 대체로 이러한 원리에 의하여 작용하므로 상황에 따라서 응용하기 바라며, 육친을 육신에 빗대어 설명하는 이유는 음양오행의 상생·상극에서 그 원리가 파생되므로 육신만 자세히 살피면 부모·형제·처·자녀 등의 복잡다단한 인간 관계를 엿볼 수 있기 때문이다.

3. 오행의 생화극제

오행의 변화는 오행의 생화극제에 의하여 무궁무진하게 이루어진다. 그

러므로 오행의 생화극제는 역학에서 아주 기본적인 것이므로 무조건 이
해해야 한다. 오행의 생화극제는 과함도 모자람도 없는 중화를 지향한다.

1) 인성이 일간을 생하지만 너무 과하면 해가 된다.

목이 화를 생하나 목이 너무 많으면 오히려 불이 꺼진다.
화가 토를 생하나 화가 너무 많으면 오히려 흙이 부서진다.
토가 금을 생하나 토가 너무 많으면 오히려 금이 묻힌다.
금이 수를 생하나 금이 너무 많으면 오히려 물이 탁해진다.
수가 목을 생하나 수가 너무 많으면 오히려 나무가 썩는다.
이상은 신약한 사주에 인성이 과다하여 해가 되는 경우를 설명한 것이다.

2) 식상이 일간을 설기하지만 너무 과하면 해가 된다.

목이 수를 설기하나 목이 너무 많으면 물이 고갈된다.
화가 목을 설기하나 화가 너무 많으면 나무가 사라진다.
토가 화를 설기하나 토가 너무 많으면 불이 사그라진다.
금이 토를 설기하나 금이 너무 많으면 흙이 변색된다.
수가 금을 설기하나 수가 너무 많으면 금이 침몰한다.
이상은 식상이 많아서 일간을 너무 설기해도 해가 되는 경우를 설명
한 것이다.

3) 일간이 재성을 극하지만 재성이 너무 많으면 일간을 역극한다.

목이 토를 극하나 토가 너무 많으면 오히려 나무가 묻힌다.
화가 금을 극하나 금이 너무 많으면 오히려 불이 소멸된다.
토가 수를 극하나 수가 너무 많으면 오히려 흙이 붕괴된다.
금이 목을 극하나 목이 너무 많으면 오히려 금이 괴멸된다.
수가 화를 극하나 화가 너무 많으면 오히려 물이 고갈된다.
이상은 재성이 많아서 일간의 힘을 너무 빼내어 해가 되는 경우이다.

4) 신왕 사주에 관성은 희신이다.

목이 왕하면 금을 만나야 재목이 만들어진다.
화가 왕하면 수를 만나야 조우가 이루어진다.
토가 왕하면 목을 만나야 산림이 풍요롭다.
금이 왕하면 화를 만나야 기물을 작성한다.
수가 왕하면 토를 만나야 제방을 쌓을 수 있다.
이상은 신왕 사주가 관성을 만나면 희신이 되는 경우이다.

5) 신약 사주에 관성은 기신이다.

목이 약한데 금을 만나면 나무가 꺾인다.

화가 약한데 수를 만나면 불이 멸절된다.

토가 약한데 목을 만나면 흙이 함몰된다.

금이 약한데 화를 만나면 쇠가 녹아내린다.

수가 약한데 토를 만나면 물이 소멸된다.

이상은 신약 사주가 관성을 만나면 기신이 되는 경우이다.

6) 신왕 사주는 설기하면 길하다.

목이 왕하면 화를 만나야 나무가 빛을 발한다.

화가 왕하면 토를 만나야 화기를 억제한다.

토가 왕하면 금을 만나야 토지가 비옥해진다.

금이 왕하면 수를 만나야 쇠가 빛이 난다.

수가 왕하면 목을 만나야 물기를 경감한다.

이상은 신왕 사주를 식상이 설기하면 길한 경우이다.

제6장

용신(用神)

乾一天

兌二澤

火

雷

風

水

山

地

數理學

제6장

용신(用神)

 사주 명리학에 있어서 운명 감정의 가장 중요한 포인트는 사주상의 오행의 조화 여부를 보고 운명의 길흉을 판단하는 방법이다. 앞에서 설명한 형충파해·합·신살이나 십이운성에 의한 운명 감정법도 폭넓게 보면 오행의 조화 여부를 형충파해·신살 등의 이름을 빌려 설명한 것에 불과하다. 이를테면 사주상 오행의 조화가 잘 되어 인격자라고 판단이 되면 비록 괴강·양인·백호살 등의 흉살이 있더라도 비인격자라고 판단해서는 안 되며, 오히려 사주상에 천을귀인 등의 길성이 있으면 금상첨화로 훌륭한 인격자이며 자선심이 많다고 판단해야 한다. 결국 형충파해·신살·합·십이운성 등에 의한 감정법은 오행의 조화에 의한 감정법에 부수되는 것에 불과하다.

 오행의 조화 여부에 의하여 숙명과 운명의 길흉 선악을 판단하는 방법은 오직 음양과 오행의 태과 및 불급을 관철하여 운명의 선악을 판단하는 것이므로 태과 및 불급이 없는 오행의 중화됨이 최선이며, 지금부터 논할 용신법은 오행의 조화 여부를 판단하는 데 핵심적 역할을 한다고 할 수 있다.

이 책에서 명리학의 용신 산출법을 논한 까닭은 수리학의 고유번호 산정시에도 용신과 회신에 해당하는 수리가 반드시 포함되어야 운수의 좋은 기운을 분출할 수 있기 때문이다. 따라서 명리학의 기초부터 대강을 논하였다.

1. 용신(用神)

용신은 사주의 주인공인 일간(일주의 천간)에게 가장 중요한 오행의 기운을 말한다. 용신은 그 사람의 생사 여부, 부와 명예 등의 길흉화복을 주관하며, 일간을 보호하는 수호신으로서 그 시기를 결정하는 중요한 역할을 한다.

따라서 용신 대운을 만나거나 연운에서 용신운을 만나게 되면 비약적인 발전을 이루고 뜻밖의 행운을 잡게 된다. 우리가 흔히 이야기하는 운이 있다라는 말은 사주에서 용신운을 만나 괄목할 만한 발전을 이룰 기회를 맞았다는 것을 의미한다.

2. 강약(強弱)

용신을 정할 때 가장 먼저 보는 것은 사주팔자의 기준이 되는 일간의 기운이 어떠한가를 알아보는 것이다. 가령 일간이 甲 또는 乙木인 경우 사주상의 목의 기운은 지나치게 강왕해서도 안 되며, 반대로 너무 쇠약해도 못 쓴다. 만일 강왕한 목 기운의 생조를 받아 일간이 지나치게 왕성하면 재산 손실·부부 이별 등의 흉악이 있으며, 반대로 지나치게 일주가 쇠약해도 병고·빈천 등의 흉운을 만나기 쉽다. 그리하여 일간이 신강한가, 강하다면 어느 정도 강한 것인가, 어떤 기운이 들어와도 견딜 만한 것인가, 아니면 신약하다 못 해 허약한 것인가 등 먼저 일간의 강약을 알아내는 것이 사주 해석의 첩경이다.

일간의 힘이 강하다면 일간의 힘을 억제해 주거나 왕성한 기운을 누설시키는 육신이 용신이 되고, 일간의 힘이 쇠약하면 일간의 힘을 생해 주는 육신이 용신이 된다. 물론 용신을 정하는 방법은 여러 가지가 있는데, 그 방법은 사주의 구성에 따라서 다르다.

사주는 조화가 잘 되고 오행의 태과 및 불급이 없는 중화된 신왕 사주를 좋아하는데, 한 마디로 용신은 부조화된 음양오행의 기운을 원활하게 소통시켜 주는 기운이다. 일주가 왕성하고 강력한 것을 신강(身强)이라 하고, 쇠약하고 무력한 것을 신약(身弱)이라 하며, 오행의 조화가 이루어져 중화된 것을 신왕(身旺)이라 한다. 일간(日干)의 지칭을 보통 일주(日主)라 칭하는데, 이것은 사주의 주인이라는 의미이다.

3. 신강 · 신왕 · 신약을 구분하는 방법

첫째. 출생월(월령)이 일주가 왕성한 달인지 아닌지를 살핀다. 예를 들면, 일간이 甲木이면 봄·겨울생은 왕성하고, 여름·가을생은 쇠약하다. 앞장 오행의 〈생·화·극·제〉편을 참고하라.

둘째. 일주가 생조되면 신강이고, 일주가 극해되면 신약이다. 일주가 생조된다 함은 일간을 상생하는 육신인 비견·겁재·정인·편인과 양인을 만나는 것을 말하고, 일주가 극해된다 함은 일간을 누설시키는 육신과 상극되는 육신인 식신·상관·정재·편재·정관·편관을 만나는 것을 말한다.

셋째. 일주가 지지에 십이운성의 장생·관대·건록·제왕을 만나면 득기하였다 하여 강해지고, 쇠·병·사·절을 만나면 실기하였다고 하여 약해진다. 그러나 이것은 양일간인 경우에만 적용된다고 봐야 할 것이다.

넷째. 일주가 지지의 장간 속에서 같은 오행을 만나면 통근했다 하여 왕해진다.

신강·신약의 판단은 위에서 제시한 네 가지의 방법을 종합하여 결정하는데, 실제적으로 구분하기 난해한 경우도 있지만, 대체로 강약의 기운을 100%로 봤을 때, 첫째 월령이 35%, 둘째 육신이 30%, 셋째 십이운성이 25%, 넷째 지지의 통근이 10% 정도의 역량을 발휘한다고 생각하면 틀림이 없다. 일반적으로 신강·신약을 판단하는 데 중점은 월령에 두어야 하며, 일주·시주·연주 순으로 살펴나간다. 또 천간보다 지지의 육신의 역량이 2.5배 정도 강하다는 것을 염두에 두고 삼합·육합·간합이 되어 타오행으로 화하는 것도 고려해야 한다. 이상 설명한 일주의 강약에 관한 법칙은 사주상의 다른 육신의 강약에도 적용된다.

4. 신강 · 신왕 · 신약의 예

1) 극신강

일주 甲목이 卯월에 출생하여 왕하고, 양인월에 해당하며, 연주 및 시간에 같은 목의 기운이 있고 일지와 시지의 子수가 甲목인 일주를 생하는 반면, 월간의 丁화 하나만이 일주의 기운을 누설시키므로 극신강이다.

甲 (甲) 丁 甲
子 子 卯 寅

2) 신강

일주 乙목이 酉월에 출생하여 극이 되고, 십이운성의 절지에 해당하며, 시간의 丙화가 누설하여 일주 乙목의 기운이 약한 듯하나 연주에 목의 기운이 왕하고, 월간·일지·시지의 수가 일주를 생하고 있으며, 월령 酉금이 오행 상생의 법칙에 의해 금생수·수생목으로 일주를 생조하여 신강이다.

$$丙\quad ⓔ\quad 癸\quad 甲$$
$$子\quad 亥\quad 酉\quad 寅$$

3) 신왕

일주 甲목이 酉월에 출생하여 극이 되고 일주를 극하는 두 개의 금과 누설시키는 두 개의 화가 있는 반면, 일주를 생조하는 육신은 두 개의 목과 한 개의 수이므로 신약인 듯하나, 일주를 극루하는 육신은 대개 천간에 있고 생조하는 오행은 지지에 있으므로 신왕이다.

$$丁\quad ⓐ\quad 丁\quad 辛$$
$$卯\quad 寅\quad 酉\quad 亥$$

4) 신약

일주 丁화가 연주의 목과 월간 丙화의 생조는 있으나, 일주 丁화가 子월 쇠약해지는 달에 출생하고 극루(尅漏)하는 두 개의 토와 한 개의 금이 왕하므로 신약이다.

$$戊 \quad 丁 \quad 丙 \quad 甲$$
$$申 \quad 未 \quad 子 \quad 寅$$

5) 극신약

甲 일주가 가을 절기에 출생하여 실기하였으며, 두 개의 화가 일주를 누설시키고 戊토의 생을 받은 네 개의 금이 일주 甲목을 주관하므로 극신약이다.

$$庚 \quad 甲 \quad 庚 \quad 戊$$
$$午 \quad 午 \quad 申 \quad 申$$

원래 사주는 음양오행의 조화가 되어서 신왕한 사주를 최고로 친다. 그러나 신강 또는 신약이라고 해서 성공할 수 없는 것은 아니다. 오직 파란곡절만이 있을 뿐이니 많은 임상을 통하여 궁통을 터득하기 바란다.

5. 용신법의 용어 정리

● 용신(用神) : 사주 중에서 가장 중요한 역할을 담당하는 오행으로 사주를 중화시키는 최고의 신이다.

- **희신(喜神)** : 용신을 생해 주고 보호하는 역할을 하는 기운을 말한다.
- **기신(忌神)** : 사주를 나쁘게 만드는 기운으로, 용신을 괴롭히고 억누르는 신을 말한다.
- **원신(怨神)** : 용신을 괴롭히는 기신을 도와 기신의 흉한 작용을 더욱 강하게 부추기는 신이다.
- **병신(病神)** : 어느 한 오행이 사주에 지나치게 왕해서 해가 되는 기운을 말한다. 기신은 용신에게 해가 되는 신이고, 병신은 사주의 조화를 방해하는 신이다.
- **약신(藥神)** : 사주에 약이 되는 신으로, 기신이나 병신을 제압하는 기운이다.
- **한신(閑神)** : 사주 중에서 아무런 작용을 하지 않는 기운으로, 희신도 아니고 기신도 아닌 것을 말한다. 다만 사주의 어느 한 오행이 기반되었을 때는 이 기운이 작용을 한다. 기반되었다 함은 용신이 합이나 충을 당해 힘을 쓰지 못할 때 한신이 나름대로 작용하여 용신을 도와주거나, 아니면 피해를 가중시키는 등의 작용을 한다는 뜻이다. 한신이 용신·희신·약신을 기반시키면 흉하고, 오히려 사주에 해로운 기신·병신을 기반시킬 때는 전화위복이 되어 길해진다.

6. 용신을 정하는 다섯 가지 원리

용신은 사주팔자의 음양오행 및 오행의 조화를 위해 소용되는 육신을 말한다. 가령 사주가 신약이면 일주를 생조하는 육신이 필요하고, 신강이면 반대로 일주를 억제하거나 강한 기운을 누설시키는 육신이 필요한데, 이것이 즉 용신이다.

용신은 사주상의 위치·강약, 그리고 어느 육신에 해당하느냐에 따라서 운명의 길흉화복이 결정되므로, 용신은 운명 감정의 관건이다. 용신을 정하는 법은 일정치 않으나 그 대략적인 기준은 다음과 같은 다섯 가지이다.

1) 억부(抑扶)

일간을 생조하는 육신이 많으면 신강이며, 신강이면 오행의 조화상 일주를 극루(尅漏)하는 육신이 용신이다. 반대로 일간을 극루하는 육신이 많으면 신약인데, 이 때는 일간을 생조하는 육신이 용신이다.

- 일주가 신강하고 관성이 왕하면 관성을 용신으로 취한다.
- 일주가 강하면 관성이 용신인데, 관성이 뿌리가 없거나 미약하면 관을 생하는 재성을 용신으로 삼는다.
- 인성이 너무 많아서 병이 되면 인성을 극하는 재성을 용신으로 삼

는다.

● 신강한 사주에 관이 없거나, 있더라도 재성의 생조가 없어 무력한 경우에는 일간을 설기시키는 식상을 용신으로 삼는다.

● 일주가 관성이 너무 왕하여 신약이면 인성을 용신으로 삼아 관생인 인생 일주해야 한다. 그러나 인성 역시 미약하면 식상을 용신으로 취하여 관살을 제압한다.

● 일주가 식신·상관이 너무 많아 신약이면 인성을 용신으로 취하여 식상을 제압한다.

● 사주에 재성이 너무 많아서 일간이 신약한 재다 신약의 경우에는 비견·겁재를 용신으로 취하여 재성을 제압한다.

● 사주가 신약하고 관성이 왕하여 관살이 되었을 경우에는 인성으로 통관을 시켜 일주를 생해야 하므로 인성이 용신이다.

2) 병약(病藥)

신약 사주에 일주를 생조하는 육신이 있으나 이를 파극하는 육신이 있으면 병이라 하고, 파극하는 육신을 억제하는 육신을 약이라고 한다. 병이 있는 사주는 약이 용신이 된다.

3) 조후(調侯)

세상 만물이 난조(暖燥)와 한습(寒濕)의 조화에 의해서 이루어졌듯이 사주도 난조와 한습의 조화가 필요하다. 따라서 사주가 과하게 난조하거나 한습하면 한·난·조·습을 조화시키는 육신이 용신이 된다. 음양오행 중에서 갑을인묘(甲乙寅卯)·병정오사(丙丁午巳)·무미술(戊未戌)은 난조에 해당하고, 경신신유(庚辛申酉)·임계해자(壬癸亥子)·기진축(己辰丑)은 한습에 해당한다.

사주를 감정할 때는 사주의 억부·병약을 논하기 전에 습관적으로 사주가 춥고, 덥고, 습하고, 건조한지를 먼저 살펴야 한다. 사주에서 조후는 그만큼 중요하다.

4) 통관(通關)

서로 대립하는 육신의 기운이 비슷할 때는 두 육신 간을 오행 상생의 원리에 의해 소통시켜 주는 육신이 용신이다. 즉, 목생화·화생토·토생금·금생수·수생목으로 음양오행의 기운이 상극이 되지 않고 상생이 되는 것을 말한다.

5) 전왕(專旺)

사주에 오행이 골고루 구비되지 않고 어느 한쪽으로 편중되어 그 세력이 극히 강왕하여 억제하기 곤란한 경우에는 그 세력에 순응하는 육신이 용신이다. 종격·화격 등 외격에 속하는 사주가 이에 해당한다.

　실제로 대다수의 사주는 억부·병약·조후·통관에 의하여 용신을 정하며, 전왕 등은 드물다. 용신은 인간의 정신과 같이 사주의 중추가 된다. 인간의 정신이 건전하여야 인간으로서 소임을 다 할 수 있듯이 사주 팔자가 길하기 위해서는 용신이 건전하여야 부귀 영화 및 수복을 누릴 수 있다.

　용신이 형충을 당하거나 파극을 당한 오행은 용신으로 사용하기 미력하지만, 서로 형충되는 지지의 어느 한쪽이 다른 지지와 삼합 또는 육합이 되면 형충은 해소된다.

　용신이 건전하기 위해서는 용신이 왕성해야 하며, 다른 육신에 의해 파극이 되지 아니하고 형충되지 않아야 한다. 만일 다른 육신에 의해 파극이 되어도 사주에 약신이 있어 용을 파극하는 병을 억제하면 무방하다. 용신이 왕성하기 위해서는 일주의 강약을 정할 때와 똑같이 월령이 왕성해지는 달에 해당하고, 사주상에 회신이 있어 용신을 생조하면 된다.

　용신은 운명을 판단하는 기준이 되지만, 용신만으로는 언제 어떤 상황이 발생한다는 구체적인 판단은 불가능하다. 따라서 올바른 사주 감정법은 사주의 간지를 상호 대조하여 육신과 음양오행의 상생·상극을 분석하고 종합하여 최종적인 판단을 내려야 한다.

　인신사해(寅申巳亥)의 네 글자는 지지의 장간에서 용신을 뽑아 쓰는 것도 가능하다. 가령 寅의 지장간 戊丙甲 가운데 중기인 丙화를 용신으로 취할 경우 행운에서 목·화가 도래하면 불같이 발복한다. 그러나 辰·戌·丑·未는 사고(네 개의 창고)에 해당하므로 지장간에서 용신을 뽑아 쓰는 것은 불가하며, 토 그 자체를 용신으로 사용한다. 명리학에서는 원래 뿌리가 없는 오행을 용신으로 사용하지 않는 게 원칙이다. 그러나 신강 사주는 왕강한 기운을 누출시키는 육신이 용신인데, 이 경우에는 식신·상관의 뿌리가 없더라도 용신으로 사용이 가능하며, 통관시에도 무근한 오행을 용신으로 사용할 수 있다.

원명에서 용신이 형·충으로 인해 극상을 당하면 용신으로 사용할 수 없으나, 월지에 있거나 합의 구함이 있으면 용신으로 사용할 수 있다. 그러나 격은 상당히 떨어진다.

사주를 감정할 때 용신을 잡는 법은 매우 중요하다. 왜냐 하면 용신을 잘 못 구분한다면 사주의 해석이 모두 틀려지기 때문이다. 따라서 올바른 용신 구분법을 터득하기 위해 부단한 노력을 기울이어야 한다.

7. 격국(格局)

명리학을 공부할 때 용신과 격국은 기초편의 최종 관문이나 다름없다. 격국과 용신을 이해한다면 일단 기초는 마친 것으로 봐도 좋다. 격국이란 그 사람의 역량을 말하는 것이며, 격국을 정하면 사주의 구성을 좀더 세분화하여 볼 수 있게 구획 정리가 된다.

1) 내격과 외격

사주를 그 간지에 의하여 구별하면 무려 오십일만 팔천사백여 가지나 된다. 그러나 사주팔자 가운데 가장 작용력이 큰 월지를 중심으로 구별하면 불과 십여 가지의 유형으로 구분할 수 있다. 이 유형을 격국이라 칭한다.

격국은 내격과 외격으로 분류하는데, 내격에는 식신격·정재격·편재격·정관격·편관격·정인격·편인격으로 분류되고, 여기에 비견을 일컫는 건록격과 겁재를 일컫는 양인격을 합하여 십정격으로 분류한다.

내격을 제외한 모든 격을 외격으로 부르는데, 외격에는 종아격·종재격·종살격·종강격·화격 이외의 소수의 격들이 있으며, 거의 대부분의 사주가 내격에 속하고 외격은 극히 드물다.

2) 격을 정하는 원칙

첫째, 월지의 지장간의 정기가 천간에 투출해 있으면 그것이 표출하고 있는 육신에 의한다.

둘째, 천간에 월지의 지장간이 정기가 투출해 있지 않다면 만일 여기 또는 중기가 투출해 있으면 그것이 표출하고 있는 육신에 의한다.

셋째, 월지의 지장간이 천간에 투출해 있지 않거나, 투출되어 있더라도 다른 육신에 의해 파극이 되어 쓸모가 없다면 월지의 정기가 표출하는 육신에 의한다.

월지에서 격을 잡는 이유는 월지가 부모님의 자리이므로 자신의 성장 배경이 되고, 사주 가운데 월지의 영향력이 가장 왕성하여 그 사람의 천성이나 성품을 잘 표출하고 있으며, 봄·여름·가을·겨울 중 어느 한 계절에 해당하는 월령이 일주에게 가장 많은 영향을 미치기 때문이다.

3) 격을 정할 때 유의할 점

- 용신도 격이 될 수 있다.
- 사주 중의 가장 왕성한 육신도 격이 된다.
- 격은 한 가지로 정해진 것이 아니고 운의 흐름에 따라 변화할 수가 있다.

이렇듯 격을 정하다 보면 여러 개의 격이 나타날 수 있는데, 격이 많다고 좋은 것은 아니며, 격이 뚜렷하게 하나로 나타나는 사람이 용신운이 도래하면 명쾌하게 풀리는 경우가 많다.

이와같이 격은 월지를 중심으로 이루어지며, 또 기세가 강왕한 육신이 있으면 현실에 순응하여 그 강한 세력을 따라서 격을 분류한다. 그러나 이것은 사주 감정의 편리를 위해 하나의 규격을 설정한 것에 불과하므로 앞으로 많은 임상을 통하여 공력이 쌓이면 계절의 흐름에 따라 음양오행을 자연 그대로 관찰하는 것이 사주 감정을 향상시키는 지름길이 될 것이다.

數理學

고유번호를
산출하는 방법

數理醫學

제7장

고유번호를 산출하는 방법

고유번호란 자신과 부합되는 숙명적인 숫자로서 부와 명예, 횡액 방지 등의 운명을 주관하는 행운의 수리를 말한다. 고유번호의 산출은 타고 난 생·년·월·시, 주민등록 번호, 이름자의 수리 등을 참고하는데, 중요한 것은 아무리 좋은 숫자라도 그 사람의 사주팔자와 어긋나지 않고 일치해야 행운을 불러들인다는 것이다. 그래서 명리학의 용신법이 매우 중요하다. 고유번호 산출의 예를 들면 다음과 같다.

예) 남명 : 1976년 양력 6월 20일 午時生의 고유번호를 산출해 본다.

첫째, 먼저 사주를 뽑고 용신을 정한다.

							일간		
庚	己	戊	丁	丙	乙	庚	㉈癸	甲	丙
子	亥	戌	酉	申	未	申	卯	午	辰
58	48	38	28	18	8				

일간은 사주팔자 가운데 일주의 천간에 있는 오행을 말하며, 사주에서의 일간은 곧 그 사주의 주인공이자 왕이다. 우리가 흔히 사주가 좋다, 또는 나쁘다라는 것은 일간의 오행이 나머지 일곱 개 오행과의 역학 관계에서 어떠한 영향을 받고 있는가를 일컫는 말이며, 용신의 개념은 일간이 타 오행과의 역학 관계를 원활하게 수행할 수 있도록 사주의 주인공인 일간에게 도움을 주는 오행의 기운을 함유하고 있는 오행을 의미한다.

[해설] 일간 癸수가 午월 망종절에 출생하고 사주에 목·화가 왕성하므로 신약 사주이다. 이렇듯 일주가 약하면 재·관이 아무리 좋아도 나의 재물과 나의 권력으로 취할 수가 없다. 따라서 용신은 시주에 있는 경신(庚申)·금·정인(正印)이 용신이다. 금을 수리로써 논하면 4·9에 해당한다. 결국 고유번호의 산출은 사주의 주인공인 일간에게 득이 되는 용신과 희신에 해당하는 오행을 수리에서 보충함으로써 일간이 타 오행을 적절하게 다스릴 수 있도록 하기 위함이다.

용신을 정할 때 가장 먼저 살피는 것은 사주팔자의 기준이 되는 일간의 기운이 어떠한가를 알아보는 것이다. 가령 일간이 壬 또는 癸수인 경우 사주상의 수의 기운은 지나치게 왕성해서도 안 되고, 반대로 쇠약해도 안 된다. 일간의 힘이 강하다면 일간의 힘을 억제하거나 누설시키는 오행이 용신이 되고, 일간의 힘이 약하다면 일간의 힘을 생해 주는 오행이 용신이 된다.

사주는 조화가 잘 되고 오행의 태과 및 불급이 없는 중화된 신왕 사주를 좋아하는데, 한마디로 용신은 부조화된 음양오행의 기운을 원활하게 소통시켜 주는 기운이다. 일간이 왕성하고 강력한 것을 신강이라 하고, 쇠약하고 무력한 것을 신약이라 하며, 오행의 조화가 이루어져 중화된 것을 신왕이라 한다.

이렇듯이 음양오행의 핵심은 중화(中和)에 있다. 곧 어느 한 곳으로 치우치지 않고 골고루 분포되어 있는 것이 가장 바람직한 것이다.

둘째, 주민등록 번호의 수리를 분석한다.

주민등록 번호의 앞자리는 자신의 타고난 생년·월·일이고, 뒷 번호는 국가에서 내려 준 것이다. 앞번호 생년·월·일은 그 사람의 사주이고 뒷자리는 나라에서 부여한 것이므로, 주민등록 번호는 그 사람의 운세와 연관성이 깊다고 보는 것이다. 따라서 주민 번호의 수리가 양호하다면 말할 것이 없지만, 자신의 사주팔자와 상반되는 번호가 주어졌을 때, 이 것을 중화시킬 수 있는 수리를 도입하여 서로 아울러서 상생토록 조절하는 것이 고유번호의 원리이다. 아무리 나쁜 번호라 할지라도 좋은 운수를 불러들이는 자신의 고유번호를 도입함으로써 활동의 힘이 되는 생기를 불어 넣어 그 사람의 운세를 상승세로 유도하는 것이다. 그리고 고유번호 수리의 구성과 배열은 예전부터 전해 내려오는 전통적 작명법인 정격과 총격의 영도력에 의하여 구성지어진다.

1. 성명학의 정격(貞格)과 총격(總格)

정격은 원(元)·형(亨)·이(利)·정(貞)의 사격(四格)으로 분류하고, 총격은 천(天)·인(人)·지(地)·외(外)·총(總)의 오격(五格)으로 분류한다. 그리고 한 글자로 된 성(姓)과 한 글자로 된 이름에는 가성수(假成數) 1을 더 하여 격을 분류하기도 한다. 그러나 각 격의 구성이나 수리의 영도력(領導力)은 작명의 근본 원리에 차이가 없고 격의 구성과 표현만 다를 뿐이다. 정격과 총격의 수리 구성에 예를 들면 다음과 같다.

1) 성씨가 한 자, 이름자가 한 자인 경우

<정격>

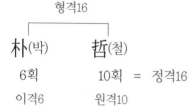

원격 : 이름자의 획수
형격 : 성씨 획수와 이름자 획수의 합
이격 : 성씨의 획수
정격 : 성씨 획수와 이름자 획수의 합

<총격>

천격 : 성씨의 획수
인격 : 성씨 획수와 이름자 획수의 합
지격 : 이름자의 획수
외격 : 성씨 획수와 이름자 획수의 합
총격 : 성씨 획수와 이름자 획수의 합

2) 성씨가 한 자, 이름자가 두 자인 경우

<정격>

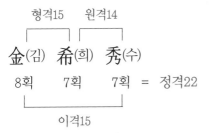

원격 : 이름 두 자 획수의 합
형격 : 성씨 획수와 이름 첫 자 획수의 합
이격 : 성씨의 획수와 이름 끝 자 획수의 합
정격 : 성씨 획수와 이름 두 자 획수의 합

<총격>

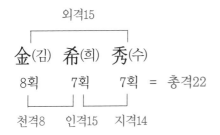

천격 : 성씨의 획수
인격 : 성씨 획수와 이름 첫 자 획수의 합
지격 : 이름 두 자의 획수의 합
외격 : 성씨 획수와 이름 끝 자 획수의 합
총격 : 성씨 획수와 이름 두 자 획수의 합

3) 성씨가 한 자, 이름자가 석 자인 경우

<정격>

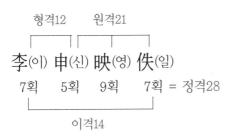

원격 : 이름 석 자 획수의 합
형격 : 성씨 획수와 이름 첫 자 획수의 합
이격 : 성씨의 획수와 이름 끝 자 획수의 합
정격 : 성씨 획수와 이름 석 자 획수의 합

<총격>

외격14

李(이) 申(신) 映(영) 佚(일)

7획   5획   9획   7획 = 총격28

천격7 인격12   지격21

천격 : 성씨의 획수
인격 : 성씨 획수와 이름 첫 자 획수의 합
지격 : 이름 석 자의 획수의 합
외격 : 성씨 획수와 이름 끝 자 획수의 합
총격 : 성씨 획수와 이름 석 자 획수의 합

4) 성씨가 두 자, 이름자가 한 자인 경우

<정격>

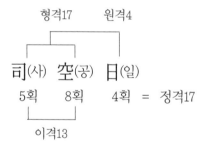

형격17   원격4

司(사) 空(공) 日(일)

5획   8획   4획 = 정격17

이격13

원격 : 이름자의 획수
형격 : 성씨 두 자 획수와 이름자 획수의 합
이격 : 성씨 두 자 획수의 합
정격 : 성씨 두 자의 획수와 이름자 획수의 합

<총격>

외격9

司(사) 空(공) 日(일)

5획   8획   4획 = 총격17

천격13 인격12 지격4

천격 : 성씨 두 자의 획수
인격 : 성씨 끝 자 획수와 이름자 획수의 합
지격 : 이름자의 획수
외격 : 성씨 첫 자와 이름 끝 자 획수의 합
총격 : 성씨 두 자의 획수와 이름자 획수의 합

5) 성씨가 두 자, 이름자가 두 자인 경우

<정격>

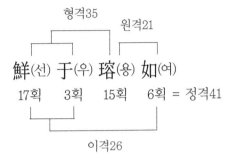

원격 : 이름 두 자의 획수의 합
형격 : 성씨 두 자 획수와 이름 첫 자
　　　 획수의 합
이격 : 성씨 두 자 획수와 이름 끝 자
　　　 획수의 합
정격 : 성씨 두 자의 획수와 이름 두 자
　　　 획수의 합

<총격>

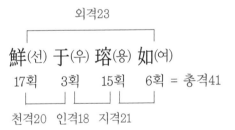

천격 : 성씨 두 자의 획수
인격 : 성씨 끝 자 획수와 이름 첫 자
　　　 획수의 합
지격 : 이름 두 자의 획수
외격 : 성씨 첫 자 획수와 이름 끝 자
　　　 획수의 합
총격 : 성씨와 이름자를 합한 총 획수

2. 정격과 총격의 배열

　정격과 총격의 배열은 근래에 가장 널리 쓰이고 있는 작명법으로 천인
지 삼재와 음양·음령오행·수리의 구성을 위주로 하여 작명을 하는 방

식으로서 보편적으로 이용되고 있다. 따라서 이 책에서 논한 81수의 길흉도 저자가 수십 년간 활용하여 수리의 작용력이 검증된 정격과 총격의 수리가 암시하고 있는 운명의 작용력을 응용하였다. 성씨와 이름 두 자를 기준으로 정격과 총격에 대해 논하면 다음과 같다.

1) 원격(元格) · 천격(天格)

원격은 성씨를 제외한 이름자의 획수를 합하여 이루어진 격이고, 천격은 성씨의 획수로서, 출생하여 이름을 지은 시점부터 20세까지 소년기의 운세를 암시하므로, 어려서 부모 형제 · 친구 등의 주위 사람들과 연관성이 많은 격이다. 따라서 출생 후 20년간의 운로를 강력하게 이끌다 25세 이전에 소멸된다고는 하지만, 다른 격과의 조화 여부에 의해서 일생의 운로에 영향을 미친다.

2) 형격(亨格) · 인격(人格)

형격은 성씨와 이름 첫 자의 획수를 합하여 이루어진 격이고, 인격은 성씨 획수와 이름 첫 자 획수의 합으로써 대체로 21세부터 35세까지의 운로를 이끌다가 36세가 되면 기운이 꺾인다고는 하나 형격은 일생의 운명을 좌우하는 주동적인 기운이 집중되어 있는 격이므로 일생의 운명을 지배한다.

형격은 인생의 운명을 좌우하는 주동적인 격으로서 운명의 중추적 역할을 하는 주운이 된다. 이의 작용력은 체질·성품·능력 등을 주도하고, 사회적 활동과 부부의 인연 등 인생 전반에 걸쳐 운세를 주도한다.

3) 이격(利格)·지격(地格)·외격(外格)

이격은 성씨와 이름 끝 자의 획수를 합하여 이루어진 격이고, 지격은 이름 두 자 획수의 합, 외격은 성씨 획수와 이름 끝 자 획수의 합으로서 대개 35세부터 50세까지의 운로를 이끌다 51세가 되면 기운이 사라진다고는 하나, 타격과의 연결과 조화에 따라서 일생의 운명을 주도한다.

이격은 형격의 작용을 보좌하는 역할을 하며, 인체의 외모·위풍 등을 조성하고, 주로 사회 활동과 가족 관계·주위 환경 등에서 강력하게 발휘한다.

4) 정격(貞格)·총격(總格)

정격과 총격 모두 성씨와 이름자의 획수를 모두 합하여 이루어진 격으로서, 대개 51세 이후부터 영도력이 강하게 나타나기 시작하여 주로 만년의 운기를 주도한다고 하나, 정격과 총격은 이름글자 모두를 합친 총획수로 성격(成格)을 이루므로 이는 인생 전반에 대한 운명의 길흉을 포괄적으로 상징하여 일생의 운명을 좌우한다. 또 정격을 인체의 전신에 비유할 수 있으며, 원·형·이격과 아우러져 초·중년부터 운세를 영도한다.

3. 삼원오행(三元五行)과 삼재(三才)

삼원오행은 정격 가운데 원·형·이격의 획수를 이용하여 산출하고, 삼재는 총격 가운데 천·인·지격의 획수를 이용하여 산출한다.

<삼원오행>

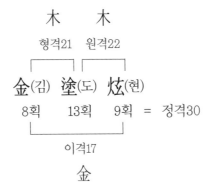

위와 같이 삼원오행을 산출했는데, 이 가운데 이격의 오행을 맨 앞에 배치하고, 형격의 오행을 중간에 배치하며, 원격의 오행을 마지막에 배치하여 그 오행 상호간에 관계를 파악하는 것이다. 위 예는 삼원오행이 金木木이 된다.

<삼재>

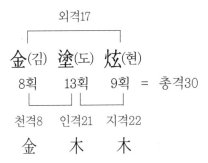

위의 예와 같이 천격의 오행과 인격의 오행, 그리고 지격의오행으로 삼재를 구성하여 그 오행 상호간의 관계를 파악하는 것이 삼재의 원리이다. 삼재의 배치는 金·木·木이 된다.

삼원오행과 삼재의 오행 배열의 작용력은 성명학의 음양오행 배열과 구성이나 운의 행로가 동일하다. 그러나 역리에서 수리의 궁통은 오행의 기본수보다는 오행의 정수, 즉 1·6 水, 2·7 火, 3·8 木, 4·9 金, 5·10土가 의미하는 영향력이 지대하므로 오행의 기본수로 산출하는 삼원오행과 삼재는 무시해도 좋을 것이다. 각설하고 앞서 논한 주민등록 번호의 분석으로 돌아가면, 가령 주민 번호가 760620-1429815일 경우 앞번호의 합은 21로서 길한 수리에 해당하지만, 뒷번호는 30이므로 흉수에 해당하며, 총 획수도 51이므로 파괴격과 번뇌 실패운에 해당하므로 시급히 행운의 수리인 고유번호를 도입하여 보완해야 할 것이다.

이 주민등록 번호가 암시하는 흉흉한 액운을 타파하는 고유번호를 16으로 선정해 보았다. 까닭은 앞에서 풀이한 사주의 용신인 금에 해당하는 숫자인 4·9의 배치와 수리 및 음양의 배열에 유익하며, 또 주민등록 번호의 총 획수인 51과 합하면 67수의 축재격(蓄財格)으로 부귀 안락·사회 명망의 호운을 암시하기 때문이다. 그리고 이름자의 수리가 좋으면 관계가 없지만, 나쁠 경우에는 정격과 총격에 의해 구성된 수리와 고유 번호의 합이 길한 숫자에 해당하면 이름자의 나쁜 수리가 암시하는 액운은 사그러진다.

4. 고유번호 수리의 배열

고유번호 수리를 배열하는 데 필요 불가결의 조건은 수리의 음양 배합과 정격과 총격에 의한 수리의 구성이다.

1) 음양의 배합

좋은 수리는 음양의 조화를 이루어야 한다. 다른 역리학의 원리와 같은 이치로서 수리의 조합도 음양이 적절하게 조화를 이루도록 배합하는 것이 중요하다. 만일 음양의 배합을 이루지 못하고 수리가 모두 양이거나 음일 경우에는 음양의 구성이 이롭지 못하다. 이는 한 울타리 안에서 동성끼리 동거하는 격이 되어 생성의 조화를 이루지 못함으로써 불량한 수리가 되는 것이다.

2) 음양의 구분

음양이 구분은 수리가 나타내는 숫자에 의해 정하는데, 숫자가 짝수일 때 음이 되고, 홀수일 때 양이 된다.

짝 수	음	●	2 · 4 · 6 · 8 · 10
홀 수	양	○	1 · 3 · 5 · 7 · 9

단, 수리의 숫자가 10수 이상일 경우에는 10을 공제하고 나머지 수만으로 음양을 구분한다. 가령 숫자가 16일 경우 10은 제하고 6이 남으므로 짝수 음이 되고, 숫자가 19일 경우 10은 제하고 9가 남으므로 홀수, 즉 양이 된다. 또한 16과 19의 숫자를 1과 6, 1과 9로 구분하여 참고할 수도 있다.

3) 수리의 음양 배열

세상 만사가 음양의 조화에 의해서 돌아가듯이 수리에도 음양이 적절한 조화를 이루도록 배치하는 것이 중요하다.

(1) 수리가 두 자리수일 경우

좋은 음양 배열

○ ●   ● ○

나쁜 음양 배열

○ ○   ● ●

나쁜 음양 배열의 경우, 양 또는 음만으로 이루어져 불길하다. 그러나 수리를 두 자리로 조합할 경우, 타고난 사주팔자가 모두 음이나 양의 간지로 이루어졌을 때는 나쁜 음양 배열을 적용하여 수리의 배열을 모두 음이나 양으로 배치할 수도 있다. 까닭은 음양의 조화를 이루기 위해서이다.

(2) 수리가 세 자리수 일 경우

좋은 음양 배열   나쁜 음양 배열

위 예는 세 자리 수리의 경우인데, 위와 같이 나쁜 음양 배열은 수리가 모두 양 또는 음으로 배치되는 경우로서 음양의 조화를 이루지 못해 불길하다.

(3) 수리가 네 자리수일 경우

좋은 음양 배열   나쁜 음양 배열

위의 나쁜 음양 배열의 경우도 수리가 모두 음 또는 양으로 배치되는 경우이므로 불길하며, 수리가 세 자리수 이상일 때에는 타고난 사주 팔자가 모두 양이나 음의 간지로 이루어졌다 해도 수리를 모두 음 또는 양으로 배치해서는 안 된다. 이런 경우는 좋은 음양 배열을 참고하여 수리를 조합하는 것이 현명한 방법이다. 까닭은 음양이 극하게 편고됨을 해소하기 위함이다.

4) 수리의 배열

앞서 선정된 고유번호 16을 우리가 일상에서 은행 비밀번호·전화번호 등으로 널리 이용하고 있는 4자리의 수리로 음양의 배합과 총격과 정격의 배열법에 의하여 수리를 조합하면 다음과 같다.

수리를 배열할 때에는 반드시 그 사람의 용신의 수가 포함이 되어야 한다. 따라서 앞서 산출된 용신수 4·9를 함께 넣어서 수리를 조합해 본다.

예)

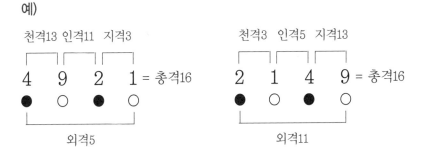

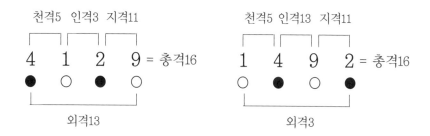

위와 같이 고유번호 16을 천·인·지·외·총격의 오격으로 분류하였는데, 3은 명예격(名譽格), 5는 성공격(成功格), 11은 흥가격(興家格), 13은 발전격(發展格), 16은 융창격(隆昌格)으로 모두의 수리가 대길하다. 이러한 수리의 구성과 조합은 곧 그 사람의 맞춤번호로서 자연의 행복을 받을 암시가 많고 남이 모르는 복록을 불러들인다.

5) 성명(姓名)과 수리

우주는 음양오행으로 이루어져 있다는 것이 만고불변의 진리이며, 지구 역시 대우주의 일부분이고, 인간 또한 소우주이다. 인체의 구성은 희한하게도 우주 내 지구의 구성과 흡사하게 닮아 있으며, 모든 사람들은 음양과 오행의 기운을 갖추고 있다. 그러나 사람들의 생김새는 제각각이며, 성격도 모두 저마다 각기 다르다. 전 세계의 인류를 통틀어도 지문이 같은 사람은 하나도 없다. 그것은 모든 사람들이 각각 소유하고 있는 음양과 오행의 분포와 구성 비율이 모두 제각각이기 때문이다. 한날 한시에 몇 분의 시차로 태어나는 쌍둥이도 약간의 차이가 나는 외모에 성격이 판이하고 각각 다른 운명을 살아가는 것을 보면 음양오행의 구성 비율에 따른 원인이라는 것이 더욱 확신이 있어 보인다.

이 세상에 태어난 아기가 고고의 탄성을 울리며 산소 호흡을 처음 하는 순간 우주의 기운이 체내로 들어와 아기의 체질을 만든다는 것이 주역의 시각이다. 그 순간, 태양은 어디에 있으며 달은 어디에 있는가, 참으로 중요한 순간이 아닐 수 없다.

우리가 흔히 말하는 운(運)이란 것도 바로 이 우주의 기운을 일컫는다. 내가 타고난 기운과 우주의 기운이 서로 일치하고 조화를 이룰 때에는 운이 좋아서 만사 형통하지만, 자신의 기운과 우주의 기운이 서로 어긋날 때는 우주의 기운에 적응하지 못해서 흉한 일이 일어나게 된다.

따라서 작명이란 세상에 태어날 때 갖추지 못한 인체 내의 부족한 음양오행의 기운을 이름으로 보충함으로써 자신의 기운과 우주의 기운을 일치하게 만들어 운의 행로에 활력의 기운을 불어넣기 위한 하나의 방법인 것이다. 그러므로 아무리 좋은 이름도 자신의 기운과 맞지 않으면 아무 소용이 없고 오히려 피해만 가중시킨다는 것을 명심하기 바란다.

좋은 이름을 짓는 방법은, 첫째 사주와 대운을 헤아려서 용신을 정하고, 둘째 음양오행의 배열에 맞추어 용신에 부합하는 한글 이름을 선정한다. 셋째, 원형이정이나 천인지 외 총격의 수리의 배열에 합당한 한문 이름을 선택하고, 넷째 음양의 조화가 이루어지도록 한문 이름의 획수를 배열한다. 다섯째, 성씨와 이름자는 자연스럽게 조화를 이루어야 하며, 여섯째 이름자의 의미는 좋은 뜻이 담겨져 있어야 한다. 일곱째, 글자의 형체는 크게 강(强)·약(弱)·허(虛)·실(實)의 네 가지가 있는데, 이는 건강·행동·태도·성품 등을 각각 암시하고 있으므로 작명시에는 글자의 모양도 고르게 균형을 이루고 조화 있게 순응하여 아울리는 형체를 고르는 것이 유익하다. 그러므로 이름자에 가능하면 강(强)과 허(虛)에 해당하는 문자는 쓰지 않는 것이 좋다. 이렇게 지어진 좋은 이름은 불량한 주민등록 번호를 완화시켜 주고, 선정되어 배열된 고유번호의 수리는 우리의 행복을 더욱 배가 시킨다.

수리(數理)의
속성(屬性)

數理學

수리(數理)의 속성(屬性)

숫자와 수리학은 그 근본부터 상이하다. 숫자는 통계 등 수로써 표시되는 수량적인 개수(個數)이나, 수리학(數理學)은 그 수리가 지니고 있는 추상적인 사물과 개념 등을 개별적인 존재로서 판단하는 학문이다. 가령 숫자 1은 수효를 세는 맨 처음 수의 개념이지만, 수리학적으로의 1은 여러 공통 요소를 종합한 하나의 관념이 그 안에 포함되어 있다. 즉, 숫자는 수량적인 기호이고 수리학은 수를 기초로 하여 영고성쇠를 거듭하는 불멸의 세계를 추명하는 것이다. 따라서 시간과 공간의 영향을 받은 생명체는 자연 천지를 운행하며 변화를 나타내고, 그 운행의 변화는 수(數)에 의해 창조된다.

세상 천지 모든 학문의 기반이 수리이다. 진리의 정수(定數)로서 수리학의 속성대로 운영하는 것을 운수(運數)라고 한다. 운수란 사람에 정해진 운명의 좋고 나쁨, 곧 인간의 능력을 초월하는 천운(天運)과 기수(氣數)를 말한다. 수의 근원을 깨치어 알게 되면 티끌 많은 속세를 쉽게 이해할 수 있다. 그러므로 수리의 이치를 깨달아 복잡다단한 세상을 지혜롭게 살아가야 할 것이다.

이제부터 논할 팔십일 수의 운수법은 이름자의 수리, 회사나 집의 전화번호, 은행 비밀번호, 자동차 번호, 휴대폰 번호, 이메일 번호, 텔레뱅킹 번호, 호실 번호, 주민등록 번호, 각종 경매나 입찰 등록 번호 등을 판단하여 결정하는 데 있어 가장 중요한 자료이므로 앞서 논한 여러 가지의 해설과 함께 세세히 숙지하여 반드시 성공하기 바란다.

:: 0(零)의 발견 ::

숫자 중에서 가장 늦게 발명된 것이 0이다. 0의 발견은 단순히 숫자 기호를 발견했다는 의미만 있는 것은 아니다. 0을 하나의 수로서 인식하고, 나아가 이 새로 발견된 0이라는 기호에 의하여 10진법이 확립되고, 사칙연산을 자유롭게 할 수 있는 새로운 계산법을 발명했다는 역사적인 대사업을 의미한다.

0이 발견된 것은 정확하게 언제인지는 알 수 없다. 또 이것이 구체적으로 누구의 업적인지도 모른다. 다만 많은 학자들은 바빌로니아 기수법과 그리스의 기수법을 절충하여 만든 것이 오늘날 우리가 사용하고 있는 숫자인바, 이것을 6세기경부터 인도에서 처음으로 사용되었는데, 이즈음에 0이 발견된 것이 아닐까 하는 추측을 내놓고 있다. 그 까닭은

7세기 초반에 활동했던 인도의 수학자 브라마굽타의 저서에 어떤 수에다 0을 곱해도 그 결과는 0이라는 것, 또 어떤 수에다 0을 더하거나 빼도 그 값에는 변화가 없다는 0의 성질이 기록되어 있기 때문이다.

동양학에서의 0의 탐구는 우주 삼라만상에 빗대어 논하고 있다. 0은 그 무엇도 없으므로 무극(無極)이고, 진공(眞空)이며, 정극(靜極)이다. 무극은 우주의 근원인 태극(太極)의 처음 상태로서 끝이 없음을 의미하고, 진공은 물질 분자가 전연 없는 상태로서 일체의 색상(色相)을 초월한 참으로 공허한 현상을 의미하며, 정극은 만유생장(萬有生長)의 근원으로서 우주가 창시되기 이전의 상태를 의미한다. 그러나 이 모두가 일컫는 문자만 다를 뿐 그 의미는 동일하다. 또 0을 영(靈)이라고도 한다. 이는 앞으로 창조될 물질의 영력(靈力)을 지니고 있기 때문이다.

수(數)는 변화의 본질이며, 수가 없는 공간에서는 변화가 존재할 수 없다. 변화의 존재가 없으면 사물이 한 곳에 머물러 그침으로써 발전은 있을 수 없는 것이다. 0의 속성은 무한(無限)의 세계로서 항상 변화한다는 의미가 있으며, 앞으로 닥쳐올 유한(有限)의 세계에 부합하여 이끌어 나가는 원리가 내포되어 있다.

1. 태초격(太初格), 대길

부귀장수운으로서 입신양명·권세위력·온건착실·두뇌명철의 속뜻을 내포하고 있다. 자연에 빗대면 하늘이 움직이는 것이고, 인간사에 빗대면 혈기 왕성하여 한창 활동할 시기이며, 나랏일에 빗대어 말하면 황금

시대를 구가하는 전성기이다. 하늘에서 빛이 내리고, 비가 내리며, 바람이 분다. 내리는 빛과 내리는 비, 그리고 부는 바람에 의해서 세상의 모든 물질은 여러 가지의 형태를 이루어 하늘과 땅 사이를 채워가는 운수(運數)의 모습이다.

1은 모든 수의 시작과 모든 것의 우두머리를 나타내고 최초를 의미하는 수로서 행복의 수, 축복의 수라고 불린다.

2. 분리격(分離格), 흉

만사파괴운으로서 분리파괴·중도좌절·원기부족·육친무덕의 운명을 암시하고 있다. 모든 일을 스스로 해결해야 하는 막중한 업무가 쌓였는데도 하는 일마다 마음대로 되는 게 없어 곤고롭기만 하다. 그럴 때마다 집을 뛰쳐나가 설움을 하늘 아래서 달래 보지만 하늘에 구름이 잔뜩 끼어 밝은 달을 비추지 못한다. 만나는 사람마다 진실을 주어도 배신만 당하니 그 누구를 믿겠는가. 마음은 초조하고 다급하여 강산을 편력하니 산도 강도 말이 없어 더욱 외로움이 엄습하는 운수이다. 운이 없으면 나대지 말고 조용히 지내면서 수행을 즐기는 것이 좋다. 절대적으로 먼저 사람을 찾지 말고 나를 찾아오는 사람만을 만나는 것이다.

2는 우주에 있는 온갖 사물이나 현상의 화합과 조화를 나타내는 수로서 음과 양, 일월, 천지, 남녀, 보모, 선과 악, 너와 나, 흑과 백의 의미를 내포하고 있다.

3. 명예격(名譽格), 대길

운기왕성운으로서 부귀와 명예, 입신출세, 지도적 인물, 재기부흥을 암시하고 있다. 천지가 합심하여 만사를 순조롭게 이끌어 간다. 하늘의 기운은 상승하고 땅의 기운은 하강 함으로써 두 사물은 융합하고 만물은 태어난다. 인간의 위대하고 이상적인 성취는 태평성대를 이룩하는 것이다. 태평성대는 나라가 위험도 불안도 없이 안정되고 평화로워 백성들이 마음놓고 생업에 종사하며, 각자의 생활을 영위할 수 있는 평화로운 세상을 가리키는 말이다. 그러므로 친구와 동지가 서로 화합하여 만사를 순조롭게 이끌어 가는 대길한 수리를 의미한다.

3은 안정과 조화의 수로서 우리나라 사람들이 가장 좋아하는 수이기도 하다. 시간상으로는 과거·현재·미래의 3가지로 나누기도 하고, 하늘·땅·사람, 즉 천·지·인을 3이란 수로 구분하고 있다.

4. 부정격(否定格), 흉

폐물지배운으로서 일생고난·성공불능·가족불화·정신박약 등의 운명을 암시하는 흉운이다. 하늘은 위로 끝없이 오르고, 땅은 밑으로 한없이 내려간다.

주위의 모든 백성들이 못마땅히 여겨 탓하고, 사면팔방이 어둠에 쌓여 막힌 상태이다. 민초들의 뜻이 드러나지 못하고, 빈부의 격차가 날로 심해진다. 사방이 탁 트이게 높이 지은 다락집도 충실하지 못한 기반 위에 올라타고 있어 언제 허물어 내릴지 모르는 모래 위의 누각 같은 형태를 나타내고 있는 수이다.

4는 완성·완전·인내를 나타내는 수이고, 봄·여름·가을·겨울(사계), 동서남북·사상의학·사천왕상 등은 완성을 의미하는 수 4를 잘 표현하고 있는 예이다. 또한 동양에서는 죽음(死, 죽을 사)을 의미하기도 한다.

5. 성공격(成功格), 대길

만물시생운으로서 부귀권위·복록장수·일약출세·행복건강의 길명을 내포하고 있다. 하늘은 오만하지 않으며 빈틈이 없고 틀림없이 운행하므로, 하늘의 힘은 아무것에도 방해 받지 않고 빠짐없이 골고루 퍼져서 뻗어나간다. 다섯 마리의 용에 몸을 얹고 하늘의 도를 제 것으로 삼아 천하를 다스려 가는 것이다. 하늘의 도는 시기에 알맞게 변화하여 만물의 선천적으로 타고난 성품을 성하게 번영시키고, 대자연의 조화를 보호하여 안전하게 유지함을 드러내는 수리이다.

5는 사람의 손가락 수와 같으며, 모든 것, 많은 것 등 전부를 나타내는 수라고 할 수 있다. 동양에서는 5행(목·화·토·금·수)·5덕, 서양에는 올림픽 5륜 마크와 5성 장군 등이 5를 표현하고 있는 예이다.

6. 복덕격(福德格), 대길

명리지달운으로서 명진사해·선견지명·지모탁월·이지발달의 운명을 암시하는 수이다. 무릇 대인이라고 하는 자는 하늘과 땅으로 더불어 그 덕이 합치하고, 그 밝음이 일치하고, 사계절과 더불어 그 순서를 같이하고, 귀신과 더불어 그 길흉을 합일한다. 하늘의 이치를 깨달아 하늘에 선행하여 행동하여도 하늘이 이에 어긋남이 없고, 하늘의 운행이 수행된 뒤에는 하늘의 때를 솔선하여 행동하여도 하늘이 또한 어긋남이 없다. 용 간 데 구름이 일고, 범 간 데 바람이 난다는 신통함을 의미하는 수리이다.

6은 사물에 미적인 완전함을 갖추는 6각형·정6각 기둥·6각수 등을 표현하고 있어 문화의 수라고도 한다.

7. 발달격(發達格), 길

독립능성운으로서 재지우수·부귀영달·성품영민·처세탁월 등의 운명을 암시하는 수이다. 하늘 아래 연못이 있는 괘상의 모습이다. 맑은 날 연못을 들여다 보라. 연못 속에 하늘이 있고 구름이 떠 가는 자취를 볼 수 있는 것이다. 이와같이 연못이 하늘을 품고 있다고 상상해 보라. 굳센 하늘이 못 속에 가득 차 있다. 그렇다면 굳센 하늘이 자신을 품은 연못을 휘몰아치겠는가. 굳셈이 알맞고 바르면 천자의 지위에 올라도 병이 되지 않고 도리어 광명스러운 것임을 나타내는 수리이다.

7은 충의·명예·개선·승리·행운을 드러내는 수이다. 일주일은 7일, 럭키세븐, 77세 희수, 7월 7석, 북두칠성, 무지개 일곱 색깔 등은 수 7을 잘 나타내고 있는 예이다.

8. 공명격(功名格), 대길

대업완수운으로서 두뇌명석·만년발달·신념강직·근면성실의 운명을 내포하고 있는 수이다. 부드러워 높은 자리를 얻고, 크고 알맞아 아래와 위가 응하고 있는 것이다. 부드럽다는 것, 크다는 것, 알맞다는 것, 그리고 응하는 것이 공명격이 일깨우는 삶의 지혜이다. 작은 물방울이 억센 바위에 구멍을 뚫는다. 이렇듯 강한 물이지만 한없이 부드럽다. 물은 부드럽기 때문에 모양을 고집하지 않는다. 그래서 물은 어긋나지 않는 자세를 취한다. 마음가짐이 크면 생각이 넓고 깊다. 넓고 깊은 생각은 경솔하거나 어설픈 행동을 제어한다는 뜻을 암시하는 수리이다.

서양에서는 전쟁과 파괴를 의미하므로 불행을 나타내는 수로 보지만 동양에서는 8등신 미인·8자·팔방 미인 등 정반대의 의미를 내포하고 있다.

9. 불안격(不安格), 흉

내심곤고운으로서 만사쇠퇴·진로막연·재액연속·횡액단명을 내포하고 있는 수이다. 사귀는 사람은 많아도 나를 위해 희생해 줄 사람이 없으니 더 사귀어도 허전하기만 하다. 이 넓은 세상에 내 몸 하나 마음 편하게 의탁할 곳이 없다. 설령 애정에 빠져 가정을 이루어도 사랑이 금시 방 안에 쌓이지는 않는다. 무언가를 꼭 이룩하고야 말겠다는 굳은 신념으로 안 해 본 일이 없을 정도이지만, 세월만 흘러 얻은 것이 없으니 어찌 한탄하지 않겠는가. 고독한 인생길에 웃음이 동반하지 않으니 안타까운 삶으로서 일생을 통하여 슬픔과 탄식이 끊이지 않음을 내포한 수리이다.

9는 특히 우리나라에서는 나이를 말할 때 아홉수로 29, 39, 49, 59세를 젊음이 무너지고 불행이 들어온다고 하여 기피하고 있다.

10. 허망격(虛妄格), 흉

변사단명운으로 정신빈약·초도좌절·병약단명·부부상별의 운을 암시하고 있는 수이다. 남과 나 사이에는 마음의 연결이 없고, 세상과 나 사이에는 장벽이 있어서 서로의 대화가 막혀 있다. 이러한 상태에서는 동료를 얻을 수 없고 협력을 바랄 수도 없다. 이 고립되고 패쇄된 인간의 고도에서는 불러보아도 대답할 자 없고, 두드려보아도 문은 열리지 않는다. 굳이 자신의 뜻을 펴 보려고 전진의 강행을 시도하여도 그것은 겨울 들녘에 모란을 피워 보려는 어리석음과 같은 것이리라. 이는 서로가 호응하지 않고 모두가 대립하며, 서로가 배척하는 형상을 나타내는 수리이다.

10은 모든 계산의 기본이 되는 수이고, 법·질서·지배를 상징하는 수로서 우주의 헛헛한 공간을 드러내는 수이기도 하다.

11. 흥가격(興家格), 대길

명리겸비운으로서 부귀명예·지상행복·순풍순성·재복겸비의 운수를 내포하고 있는 수이다. 비범한 인물로서 문무를 겸전한 재간으로 벼슬이 정점에 올랐는데 권도가 어찌 미치지 않겠는가. 그 위엄이 하늘을 덮고 그 은덕이 사해에 미친다. 명확한 성품으로 사람들을 다스리니 모두 존경하고 흠모하여 백성들의 귀감이 된다. 비범한 인품으로 사회와 가정의 은혜를 베푸니 날로 그 위엄이 도타워지고 당당하다. 가고자 하는 곳마다 이미가 있고, 하고자 하는 일마다 이미 성사를 보게 되니, 그 위용과 능력으로 미약한 자에게 힘을 나눠주고 백성들을 구제하는 대길한 수리이다.

12. 공허격(空虛格), 흉

빈궁고통운으로서 연약부진·심신고독·허송세월·덕망부족의 운세를 내포하고 있는 수이다. 스스로의 생각이 전부인 줄 알고 제멋대로 세상을 단절하며, 제 생각대로 행동하는 어리석은 짓을 함으로써 주위 사람들을 당혹케 하고, 질서를 무너뜨려 사회를 혼란상태에 빠트린다. 제 생각으로 모든 진리를 함부로 지껄이며, 망상과 혼돈시킴으로써 사람들을 현혹하고 불안케 하며, 자신도 미처 모르는 세상을 아는 체하여 인간들을 불안과 미지로 끌어들이면서 진리를 혼탁케 한다. 생사가 분명한데도 자진해서 아는 체하여 다른 길을 제시하거나, 남의 주장을 과장되게 말함으로써 세상을 어지럽히고 질서를 문란하게 하는 형세이다.

13. 발전격(發展格), 대길

지혜총명운으로서 대업성공·일생평안·인품준수·아량융합의 길성을 암시하는 수이다. 아름다운 광명과 희망에 넘치는 초봄을 맞이하는 계절과 성격을 부여받았다. 잠재한 영과 육의 생동감이 싹트기 시작하여 만물이 약동하는 대자연을 포용하는 힘을 발휘하고, 신비스러운 직감력과 생활에 대한 이해력으로 창조 의식이 강하다. 성직자처럼 자비 정신을 발휘하는 희생 정신의 소유자로 예술에 도취하는 정도가 높은 소질을 지녔다. 이런 특성을 살리려면 예술·소설·극작가·문인 등의 학술적인 직업이 양호하며, 신의 감성을 가졌으니 신비스러운 힘을 느끼게 된다. 또한 지도자로 성공할 수 있는 인품·능력·덕망을 갖추었고, 부귀하고 번창하며 수많은 사람들의 존경과 신망을 얻을 운수이다.

14. 멸망격(滅亡格), 흉

신신불안운으로서 허욕발동·투기심리·재물낭비·동분서주를 상징하는 수이다. 세상에는 믿을 것이 없다. 가까운 사람이 배신을 하니 설 땅을 잃어버린다. 무엇인가 구상은 하고 있으나 구체화되지 않고 마음은 초조하며 다급하게 강산을 편력하지만 아무것도 응답이 없다. 어찌하랴, 뜻은 커도 적막강산이다. 자신이 처리해야 할 막중한 일이 많이 쌓여도 스스로 해결할 수 있는 일이 없어 어려움을 면하지 못한다. 하는 일마다 문제가 생기고 실패하는 비운을 만나게 된다. 부모의 유산이 아무리 많아도 하는 일마다 실패를 보니 가산을 탕진해 가세가 기운다. 세상 천지에 내 몸 하나 의탁할 곳이 없으니 항상 불안한 구름이라 언제 어디서 먹구름이 몰려올지 몰라 애를 태워서 마음을 졸이는 형국이다.

15. 천복격(天福格), 대길

순조발달운으로서 선견지명·지모겸비·태평세월·자손두각을 의미하는 수이다. 한낮의 태양이 하늘의 한복판에 높이 떠서 강한 빛과 열기를 구석구석에까지 비추어주는 형상이다. 모든 것이 자기편이므로 무엇을 해도 순풍에 돛을 단 격이다. 지금이야말로 적극적으로 행동을 개시할 때이다.

앞뒤를 둘러보아도 재물이 아닌 게 없으니 공만 들이면 거두어들일 필요도 없이 그대로가 나의 노적봉이다. 원래 재물이란 요술방망이를 휘

두름과 같으므로 그 방법이 바로 치부의 원리이다. 이는 바로 치부를 선천적으로 타고 났으니 횡재할 수밖에 다른 도리가 없다. 벌어서 장식함이 취미이다. 재물을 쌓아 노적봉을 이루고 창고가 솟아 병풍이 될 것이니 그림과 같이 호화롭고 아름다운 저택에서 풍족한 삶을 누리며 태평성대를 노래한다.

16. 융창격(隆昌格), 대길

두뇌명석운으로서 적기성공·의지담대·기초튼튼·온건착실을 의미한다. 작은 일을 해도 큰 일로 성사가 된다. 주관이 뚜렷하여 굽히지 않고 초지일관이다. 주위에 사람들이 모이고 지도자로 추대를 받는다. 어떠한 곳에 가더라도 불평이 화하여 웃음이 되고, 슬픔이 변하여 기쁨이 된다. 순풍에 돛단배처럼 영화로움을 얻으니 축하를 받는다. 부귀영화를 누리고 크게 번창하는 수리로서 가정도 화목하고 일평생 근심 걱정과 탈이 없는 운수이다.

17. 신성격(新成格), 대길

부귀공명운으로서 대업완수·부귀안락·노소공대·이외재물 등의 운명을 내포하고 있는 수이다. 모든 것이 안정된 상태에 있음을 나타낸다. 자신을 비롯한 모든 주위의 사정도 더할 나위 없이 순조롭게 진행된다.

새로운 계획도 탄력을 받아 무탈하게 발전하고 만족스러운 상태에 있는 때이다. 회사에서도 가정에서도 모든 사람들의 마음이 하나로 단결되어 화목한 분위기가 넘쳐 흐르는 운수이다.

18. 전진격(前進格), 대길

근면발전운으로서 재물풍부·연구발명·초지일관·재능출중 등을 암시하는 수리이다. 천지 만물과 통합하니 걸리는 바가 없고 통하지 않음이 없다. 누구를 만나든 함께 의논하고 대화하면 즉시 내 편에 서는데, 어찌 덕이 아닌가. 합치하면 우주가 내 것이니 적이 없는 천하장사가 된다. 몸에 옥대를 둘렀으니 군주의 하사품이다. 국록에 임하니 역사가 이를 기록할 것이며, 역사가 기록하니 하는 일이 예사롭지 않아 천하를 놀라게 하고, 만인이 흠모하여 그 휘하에 들어서서 받든다.

19. 파멸격(破滅格), 흉

파해조산운으로서 비애흉사·일생비탄·인내부족·패가망신이 내재되어 있는 수이다. 그들은 피로한 몸을 이끌고 삭막한 강산을 더듬어서 건너야 하고, 편히 쉬어 갈 곳도 없는 곳에서 때로는 굶주림을 참으며 하늘의 별을 바라보고 한뎃잠을 잔다. 모든 것이 낯설고, 익숙지 않은 곳에서 함께 할 동료도 없이 홀로 나그네길을 걷고 있는 사람의 심정은 진정

외롭고 슬픈 것이다. 처자와 인연도 없고 가족간에도 생이사별의 수가 겹치는 운수이다.

20. 종말격(終末格), 흉

실의비애운으로서 소신나약·인덕부진·만사불통·유리객지의 운세를 암시하는 수이다. 인간사를 화려하게 수놓아 주는 문화도 그 정도가 지나치면 오히려 해악을 가져온다. 사람의 마음은 호사함과 쾌락에 빠지기 쉽고 사회의 풍조는 형식과 허례에 치우치기 마련이다. 허영과 사치스러움에 젖어든 사회는 이미 사람을 서로 믿지 못하는 공허한 사회, 불신의 사회인 것이다. 거기에서는 벌써 자제와 반성을 기대할 수 없다. 특히 형벌 등의 재화가 끊일 날이 없는 수리이다.

21. 시래격(時來格), 대길

발달형통운으로서 목적달성·만인추앙·노력성공·만년평안 등을 암시하는 수리이다. 벼슬이 정상에 오르고 권세가 당당하다. 관록이 노년에 이르고, 그 위엄이 하늘을 덮고, 그 은덕이 세상에 널리 퍼진다. 마음먹은 일이 모두 이루어지니 미약한 자에게 힘이 되고 구원이 된다. 많은 사람에게 은덕을 주어 덕망을 쌓으니 모두가 흠모한다. 번영하는 암시력이 강하여 말년까지 복록을 누릴 수 있는 대단히 좋은 운수이다.

22. 재화격(災禍格), 흉

손해재액운으로서 지상불행·결실부족·멸망중증·인덕미약을 내재하고 있는 수이다. 위로는 군주의 권위가 서지 않고 아래로는 백성들의 생활이 안정을 잃고 있는 상황 속에서 강대한 세력의 무리들이 발호하여 나라 안이 도괴되고 있는 상태를 의미한다. 통치자의 권위가 서지 않으면 법령이 행하지 못하고 기강이 서지 않는다. 이것을 견제할 수 없으면 백성들의 생활은 견디어 낼 수 없을 만큼 피폐해진다. 남녀의 애정 관계에서도 서로 조화가 되지 않고, 특히 남편이 있는 여자가 젊은 사내와 성적인 욕망에 빠져 버리는 것 같은 형상이다.

23. 영화격(榮華格), 대길

대업성취운으로서 재복겸비·만인신망·명리취득·근면노력을 의미하는 수리이다.

칭기즈칸·줄리어스 시저·나폴레옹 같은 불멸의 영웅들도 주어진 것만으로는 만족할 수 없어 바로 뛰쳐나가 부딪치는 용기로써 천하를 평정하였다. 그리고 대중들 앞에서 폭발적인 인기를 끄는 마력을 지니고 있다. 사람이 많이 모이는 곳이라면 빠짐없이 참석하라 도전하고픈 욕망을 누르지 말고 벌떡 일어나 밖으로 나가라. 그늘진 곳이나 어두운 곳을 피해 당당하게 도전하면 승리는 약속된 것이다. 분명하고 밝게 도전하는 운수로서 대업을 쟁취하는 기운이다.

24. 출세격(出世格), 대길

부귀번영운으로서 권세취득·진취기상·부귀번영·만사형통을 내재하고 있는 수리이다. 지능이 뛰어나 학문의 길이 열리고 출세가 빠르며 장래가 촉망되는 운수이다. 권세가 하늘에 이르러 많은 사람들로부터 부러움을 사게 되고 추앙을 받는다. 금전운도 열리어 유산을 받지 못해도 재산이 크게 늘어난다. 직장에서도 승진이 빨라 자리를 차지하게 되고, 주변에 귀인이 속출하여 원만한 인간 관계를 이룬다. 뜻을 크게 가져 인류와 국가를 위해 공헌하는 기회를 나타내는 형상이다.

25. 대지격(大智格), 대길

지모원대운으로서 성공영달·노력대가·육친유덕·충직성실을 내포하고 있는 수이다. 생동감으로 얻은 향상력과 적극적인 삶의 방식이 발휘해 내는 투쟁력이 일치되어 확고한 이상을 추구하게 된다. 유력한 협력자로 등장하여 약자를 보호하고 옹호하지 않고는 견디지 못하는 강직한 성품을 지닌다. 언제나 상대방의 의사를 존중하면서도 강력한 통솔력을 발휘하여 지도자로 부상하는 운수이다. 용맹스러운 성품과 새싹을 의미하는 온순함도 동시에 지녔기 때문에 껍질을 헤집고 솟아나는 적극적인 위세가 생명이다.

26. 미운격(未運格), 흉

백전백패운으로서 중도좌절, 대사난관·중년불행·근근연명을 내포하고 있는 수이다. 뜻하지 않은 때에 생각지도 않았던 곳에서 별안간 마주친다. 사기를 당하거나 재난을 만나서 거센 바람이 부는 날 지붕이 날아가는 격으로 불상사를 겪는다. 헷갈리는 마음은 바람처럼 떠돌아 종잡을 길 없고, 앞으로의 일은 희미하기만 하여 헤아릴 길이 없는데, 시끄러운 이성 문제까지 거들어 이리 속고 저리 손해를 보는 가엾은 처지이다.

27. 비애격(悲哀格), 흉

일엽편주운으로서 파란변동·가정불안·일시성공·만년고독의 운명이 내재되어 있는 수이다. 많은 병사들이 출입을 통제하기 위해 문 밖을 지키고 있는 형상이다. 만사에 사기를 잃거나 부담이 과중하고 남과 마찰을 일으키기 쉬운 때이다. 자신의 위험을 모르고 이욕에 눈이 어두워져 패가망신하는 운수이다.

28. 파멸격(破滅格), 흉

재화연속운으로서 재앙연속·대소고통·정의무산·자손불운의 운명을 암시한다. 소리만 요란하고 형체가 없으니 허세뿐이고 실질이 따르지 않는다. 운세는 충돌과 시비가 일어나고 자칫하면 허식에 빠져 고통을 받는다. 주위의 치열한 경쟁자의 칼날이 도사리고 있음을 명심하라.

29. 안강격(安康格), 대길

초년발달운으로서 자립대성, 만사여의·덕망구덕·전화위복의 운수를 암시하는 수이다. 하늘에서 내려준 복을 한 몸에 받았으니 부족함이 없다. 세상을 살아가는 데 부족함이 없고 막힘이 없다. 자신감을 가지고 무슨 일에든지 몰두하고 정진하니 부러울 것이 무엇인가! 결혼운도 활짝 열려 좋은 배필을 축복 속에 맞으니 오복을 갖춘 것이다.

30. 불측격(不測格), 흉

변동파란운으로서 조난역경·비방대상·허영발동·수시변동의 운수가 내재되어 있는 수리이다. 피해서 물러난다, 다시 말해 시기적으로 불안정할 때에는 일시적으로 물러나서 다음 기회를 노리며 기다리는 것이 상책이다. 체면이나 남의 평판을 고려할 여지가 없다. 또 태산같이 믿었던 사람한테 배신을 당하고, 무엇인가의 뒷수습을 위해 많은 시간과 돈을 낭비하게 된다.

31. 장성격(將星格), 대길

중인존경운으로서 대업달성·무한발전·중인영도·만인덕망 등의 암시가 있는 수이다. 재력·지력·기반의 삼요소가 구비되어 행동에 자신이 생길 때이다. 모든 주위 환경이 정돈된 상태에서 새로운 길로 진출하는 운이다. 자신 혼자서 움직이지 않고 남과 함께 서로의 이익을 나누어 이롭게 되는 운수이다. 또한 모든 사람들을 영도할 수 있는 입장이 되어 있으니 물질에 치우치지 않고, 의견 수렴을 소홀히 하지 않으며, 공정과 냉정을 잃지 않고 주의 사람들은 잘 이끌어 나아갈 운수이다.

32. 순풍격(順風格), 대길

순풍거범운으로서 상당안락·행복지위·난관해결·대업성취의 운수를 끌어들이는 수이다. 보존하여 안전하게 유지한다는 의미이다. 곧 하늘이 준 때를 만난 것이다. 운수가 대단히 왕성하여 물질면에서도 풍족하며, 정신적인 면에서도 본디 그대로의 생기가 돌고, 모든 처지와 형편이 유리한 시기이다. 운세는 천시를 얻어야 큰 일을 할 수 있듯이 바로 지금이 천시를 만나고 있는 때이다. 그러나 달도 차면 기우는 법, 주위 사람들을 겸허한 태도로 대하고 성실하게 생활해서 좋은 운의 기를 흐트리지 않아야 한다. 이성간의 운수도 활발해지는 시기이다.

33. 공명격(公明格), 대길

명진사해운으로서 대업완수·지모출중·행로평탄·부모유덕의 운수를 내포하고 있는 수이다. 사사로움이 없이 공정하고 떳떳하게 처신함으로써 성공하는 명이다. 그러나 회사 안에서는 경쟁 상대가 많이 있어 세력 다툼이 일어나고 운이 좋은 것을 시기하는 사람도 있을 것이다. 그러나 서로가 마음을 터놓고 협력하는 사람들의 경우는 크게 성공하고, 또 윗사람의 후원도 따르며, 좋은 부하 직원도 얻을 수 있는 명이다. 운세는 협력자를 만나 십 년에 한 번 올 수 있는 대운을 만난다. 크나큰 덕으로 매사에 임하라.

34. 무상격(無常格), 흉

대해풍파운으로서 흥망파란·일시영달·고독불구·가정파탄의 뜻을 안고 있는 수리이다. 이를테면 불안한 나그네 신세이다. 무언가를 바라고 추구하지만 기초적인 운이 약할 때이므로 모든 것이 뜻대로 되지 않는다. 이러한 때에는 조급하게 굴지 말고 냉정하고 침착하게 장래의 계획을 조용히 세워나가는 것이 중요하다. 운세는 망망대해에 일엽편주의 운이다. 이렇게 운이 약할 때에는 먼저 내부를 튼튼히 하고 마음의 자세를 확고히 해야 하며, 가능한 한 새로운 일을 시작하면 안 된다.

35. 건창격(健暢格), 대길

갱신창달운으로서 사업성공·재물창성·다재다능·두뇌영특을 의미하는 수리이다. 부와 귀(貴)가 함께 찾아왔으니 부족함이 없다. 인생은 결코 쟁취하는 것이 아니다. 주어진 운명에 순종하면서 자기 스스로의 힘으로 극복하는 것이다. 행복과 관록이 가득하여 상승하는 운수인데, 조금 모자라면 어떻고 전부 없어지면 어떻겠는가. 가끔 인생을 원점에 놓고 지나온 길을 되돌아보는 것이 중요하다. 이때 새로운 길을 발견하여 한 발자국씩 땀 흘리며 나아가는 것이 최후에 미소를 지을 수 있다.

36. 조난격(遭難格), 흉

노대공소운으로서 진로막연·정신쇠약·발전지장·성격변태의 운수를 암시하는 수이다. 지금은 엄동설한의 추위가 엄습할 때이므로 일체의 모험을 삼가야 한다. 또 자유롭게 발을 놀릴 수 없을 만큼 몸이 불편할 때이니 오로지 이성과 저력만으로 이끌어 나가야 한다. 그래서 옛사람들은 이 수리를 찬바람에 옴짝달싹 못 하는 가을 매미의 현상이라고 하였다.

37. 인덕격(人德格), 대길

대사경륜운으로서 만사성취·부귀겸전·오복초래·덕망구비의 운을 암시하고 있다. 운수는 현상 유지를 위해 최선을 다 해야 하지만, 지금까지 어려운 고비를 겪은 사람은 상관이 없다. 그 동안 투자했던 곳에서 많은 이익이 있다. 작은 자본으로도 큰 이익을 낼 수 있는 절호의 기회이니 고민하지 말고 행동에 옮겨라. 성실하게 임하면 큰 성과를 낼 수가 있다.

38. 성공격(成功格), 대길

대업성공운으로서 대귀현출·충실열정·위세관중·수복장수의 운이 내재된 수이다. 쌓아온 공덕이 높아 몸이 영화롭고 귀하며, 도처에서 재물이 들어와 융성하니 세상 태평한 운수이다. 그 동안 뿌려온 인연마다 돕고 나서니 가는 곳마다 재물을 얻는데 무엇이 부러우랴. 과거의 고생을 탄식할 여유도 없이 쏟아지는 복에 환호가 터진다. 작으면 작은 대로 많으면 많은 대로 충족하니 그 무엇이 간절하랴.

39. 고명격(高名格), 대길

만사여의운으로서 부귀영화·명리겸득·지혜총명·자손여경의 길성을 암시하는 수리이다. 모진 겨울 추위가 풀려 천둥이 울리고 봄비가 내리며, 새싹이 움트고 동면에 들었던 동물들이 땅 위로 기어나오는 상태를 가리킨다. 따라서 새로운 희망을 가지고 움직이기 시작하는 싱그러운 기운이 충만한 시기이다. 지금까지 괴로워하고 번민하며 시달리던 사람들은 어려운 문제를 해결하고 고통에서 벗어난다. 그러나 지금까지 평온무사한 사람이라면 평소에 조금도 긴장할 줄 모르는 탓에 만사를 등한시해서 모처럼의 행운을 잡지 못하는 경우도 있다. 성사됐던 계약이 취소되고, 결혼을 약속한 사람은 파혼을 당하는 수가 있다. 아무튼 그물에서 물고기가 빠져나오는 형상이므로 자신의 힘으로 운수를 개척할 때이니 스스로 부지런히 움직여 곤란을 타개하고 행운을 붙잡을 수 있도록 노력해야 한다.

40. 난면격(難免格), 흉

의외파란운으로서 진퇴유곡·불측지변·재능박약·도처악재의 운명을 나타내는 수이다. 불같이 치솟는 급함을 스스로 이기지 못하여 마음이 틀어지면 물불을 가리지 못하고 좌충우돌하니 불구가 되기 십상이다. 그렇지 않으면 가슴에 불을 안고 살아가기 때문에 질병이 빈번하다. 하던 일도 툭하면 중단하므로 끝맺음이 불량하다. 부부 사이는 화목하다가도 툭하면 다투게 되니 극한 상황으로 흐르기 쉽다.

41. 약진격(躍進格), 대길

만화방창운으로서 만사여의·흉전길화·일약약진·진취기강의 운수를 드러내는 수리이다. 점진적으로 나아가는 의미가 있으며, 벌거숭이의 산에 나무를 심는 격이다. 심은 묘목이 무럭무럭 자라서 아름드리 나무가 되어 울창한 숲을 이루듯 점진적으로 나아가는 것이다. 지금까지 막혔던 일들이 풀리기 시작하고, 불우한 처지에 놓여 있던 민초들이 새 희망에 부푼 첫걸음을 내딛게 되는 운세이다.

42. 재난격(災難格), 흉

변화불측운으로서 공허실의 과욕패망·만사장애·패가망신을 암시하는 수리이다. 운세는 지금 하고 있는 일이 불안하고 내부에서 혼란이 일어나 뒤숭숭한 때이다. 그러나 우물의 밑바닥은 흐리더라도 위로 올라갈수록 맑아지듯이 처음은 곤란해도 후에는 차츰 형편이 나아질 운수이니 조급해 하지 말고 끈기 있게 노력하여 후일을 기약하라.

43. 쇠퇴격(衰退格), 흉

공허실의운으로서 무지무능·전진암초·인덕부족·고독운명의 운수를 내포한 수리이다. 엎친 데 덮치는 격으로 도둑을 맞고 사기를 당하며, 태풍이 불면 물난리를 겪게 된다. 형편이 이러하니 외부에 정신을 돌릴겨를이 없다. 오로지 내부 정리에 최선을 다 해야 한다. 운세는 난세 속에서 생명을 지탱해 나가는 조심성과 인내심, 그리고 겸손한 태도로써 때를 기다리는 지혜를 배워야 한다. 뛰고 싶은 마음은 굴뚝 같고 솟구

치는 자신감은 하늘을 뚫을 것만 같지만, 지금은 자제력을 가지고 참아야 할 때이다.

44. 고독격(孤獨格), 흉

만년처량운으로서 기운쇠약·성공부진·만년고난·의지부족의 운수를 내포하고 있는 수리이다. 흐린 하늘을 바라보고 있는 것과 같이 심신이 개운하지 않고 찌무룩한 느낌에 잠겨 있는 모습이다. 비라도 한바탕 쏟아지고 나면 마음이 산뜻하고 시원하겠지만 좀체 내리지 않는 그러한 상태이다. 운세는 모든 일을 서두르면 그만큼 부작용과 손해가 따르는 시기이다. 그리고 이성에게 억눌린 형상으로 가슴앓이가 심하다. 우울증·히스테리·심장병 등 신경계통의 질환에 유의해야 한다.

45. 안강격(安康格), 대길

의지견고운으로서 만인존경·대해순풍·포부원대·명예충천 등의 운명을 암시하는 수이다. 또한 드넓은 대지를 의미한다. 대지는 지구의 만물을 생성하고 이루어지게 함으로써 그 덕으로 어머니라는 뜻도 있다. 아무 소리도 없이 고요하고, 스스로가 온화하며, 양순함이 본 수리가 암시하는 행동거지이다. 이사는 하면 좋겠고, 여행은 보류 내지는 중단하는 것이 길하다.

46. 우매격(愚昧格), 흉

진퇴부정운으로서 조난횡액·육친무덕·가세불안·인연박약의 운을 암시하는 수이다. 인력으로나 의지의 힘으로는 어찌할 수 없는 운수이다. 맞서서 발버둥치면 칠수록 불리하다. 그러므로 함부로 덤비어 봉변을 당하지 말고, 늘 경건하고 성실한 마음의 자세를 지켜 나가야 한다. 자칫하면 해서는 안 될 일에 손을 대어 패가망신하기 쉽다. 경거망동하지 않고 정성껏 마음의 안정을 도모하라.

47. 자래격(自來格), 대길

가세번창운으로서 대업완성·재물만창·명예획득·초지일관의 명을 암시하는 수이다. 돌고래는 바람에 더할 수 없이 예민하여 바람이 불어오는 방향을 향해 입을 벌리므로 그 모습을 보고 바람의 유무와 방향을 알 수 있다고 한다. 이와같이 돌고래의 동향을 파악하여 이용하는 어부처럼 성심껏 느끼고 협력해야 한다는 것이다.

성의를 다 하고 화합하는 것이므로 서로 상의하거나 더불어 일하는 데 특히 좋은 운수이다.

48. 명지격(明智格), 대길

대난극복운으로서 일약발전·세력충천·공명영달·천하통솔의 운세가 암장되어 있는 수이다. 지평선상에 아침 해가 떠오르는 모습으로 이제부터 활동을 시작할 때이다. 태양이 서서히 떠올라 중천에서 빛나는 것처럼 운세도 서서히 향상되어 간다. 또 아침 햇살이 그 빛과 열기를 더 하듯 앞으로 전진할수록 밝고 빛나는 길을 걷게 된다. 머지않아 큰 성과를 이룩하는 운수이다.

49. 박약격(薄弱格), 흉

대사난망운으로서 가산탕진·처자상별·노년곤고·금전손괴 등이 암장되어 있는 수리이다. 운세는, 여자의 경우는 세력이 강하여 남자를 유혹하게 되고, 남자는 여자를 강제 추행할 수 있는 운이므로 주의하라. 너그러운 자세를 갖도록 노력해야 한다. 주의 사람들의 신임이 절대적으로 필요한 때이다. 대단히 고통스럽다. 무리한 거래는 생명까지도 위협한다. 명심하라.

50. 수난격(受難格), 흉

표리부동운으로서 운기쇠퇴·일가파탄·재화속출·횡액단명을 암시하는 수리이다. 비 온 뒤의 이끼는 더욱 청결하고 아름다워 보이듯이 지금은 비 오는 날, 우울함을 금할 길이 없으나 당분간의 고생이라 생각하고 희망을 가지고 인내하라. 운세는 사기나 유혹에 조심하고, 돌발 사고에 유의해야 한다. 비밀은 반드시 지켜야 하고, 새로운 일은 불리하나 정신적인 학문과 문학 분야에 종사하는 사람은 결실이 있다.

51. 파괴격(破壞格), 흉

번뇌실패운으로서 중도실패·고독병폐·일시성공·가정파란의 명이 내재되어 있는 수리이다. 우물이 있는 장소가 변하지 않듯이 새로운 것 보다는 낡은 것을 그대로 지켜 나가는 것이 무난하다. 가정과 회사의 내부에서 상당히 어려운 문제가 있을 것이다. 그러나 우물처럼 고요히 제자리를 지켜 흔들림이 없어야 한다. 소송은 불리하므로 당장 중단하고 중간에 사람을 넣어서 합의 하는 것이 상책이다. 시간이 흐르면 좋은 상태를 기대할 수 있으니 조용히 내부를 잘 다듬어 나가야 한다.

52. 통솔격(統率格), 대길

자립성공운으로서 천하통솔·식록풍부·세력충천·행로평탄을 암시하는 수이다. 운세는 새로운 기틀이 형성되는 시기이다. 기회를 놓칠 수도 있으므로 한번 기선을 잡았다 하면 민첩하고 신속하게 처리해 나아가야 한다. 큰 결실을 맺겠으니 주변을 잘 정리해야 하며, 그렇다고 덤벼서는 안 된다. 모든 일이 급상승하여 상당히 분주해지는 시기이다. 너무 서두르지 않고 태만하지도 않고 불손하지 않으면 순풍에 돛단 듯 유유하게 나아간다.

53. 고난격(苦難格), 흉

허욕손재운으로서 허송세월·고독행진·원기부족·심신피로의 운수를 암시하는 수리이다. 많은 병사들이 문 밖에서 기다리고 있는 형상의 운세이다. 모든 일에 도가 지나치지 않도록 겸손함으로써 상대방의 의사를 수용하고 관리해야 한다. 지금은 축소 내지는 현상을 유지하는 것이 최선이며, 새로운 사업이나 확장은 절대 위험하다. 이사는 하지 않는 것이 길하고, 과로·요통·신경계통의 질환에 유의해야 한다.

54. 단명격(短命格), 흉

덕망결핍운으로서 가정불우·환경불우·부부상전·중도좌절의 운수를 나타내는 수리이다. 또한 캄캄한 밤을 의미한다. 태양이 빛나는 밝은 날이면 모든 것을 바싹 다 잡아서 운용할 수 있지만, 지금은 어두운 밤이므로 위험을 피하도록 노력해야만 비로소 무사할 수 있다. 또 모든 일이 순리대로 풀리지 않는만큼 아무리 재능이 있고 실력이 있더라도 세상의 인정을 받지 못하고 불우한 환경에 놓인다. 그리고 짙은 어둠이 쌓이면 앞을 내다볼 수 없듯이 남의 속임수에 넘어가지 않도록 주의해야 한다. 연애는 숨기고 싶은 사랑을 하고 있다.

55. 시승격(時乘格), 길

자진자립운으로서 무유창조·자수성가·인격고매·만사여의의 명을 내포하고 있는 수이다. 지금까지 고생해 온 사람은 마침내 고생에서 벗어나 자신의 의견과 희망을 구현할 수 있게 된다. 그러나 단번에 하려 하지 말고, 삼 단계의 순서를 밟아 기초를 튼튼히 하면서 나아가야 한다. 번영과 비약적인 발전이 기대된다. 그러나 주위에 경쟁자를 무시하면 안 되고, 소신껏 행동하라. 증권은 상승 장세이며, 부동산은 사면 큰 이익이 있고, 여행은 장거리 여행이 불리하다.

56. 공허격(空虛格), 흉

의지박약운으로서 파란곡절·심신허약·중도실패·조실부모의 운수를 암시하는 수이다. 운세는 물심양면으로 균형을 잃고 자포자기의 위기에 놓인 상태이다. 이런 때에는 종교나 학문과 같은 정신적인 분야에 뜻을 가지고 수양해 가는 것이 최선책이다. 경거망동이나 욕심을 부리면 죽음의 함정으로 들어가는 것임을 명심하라. 증권은 하락 장세이며, 부동산은 자신의 힘만 소모될 뿐이므로 단념하는 것이 좋다. 투자금을 회수하기도 어렵다. 이사는 시기가 아니므로 다음을 기약하라.

57. 융창격(隆昌格), 대길

대지대업운으로서 상당지위·재물권세·사회명망·정신확고의 운수를 암시하는 수리이다. 운세는 일상생활에서 일어나는 일들은 모두 순탄하게 풀려나가는 때이다. 그러나 무엇보다 두려운 것은 새롭게 시작하는 일과 규모를 확장하는 일이다. 사업은 지금 이끌어오고 있는 내부에서부터 철저한 점검을 하여 현 상태를 유지하는 데 최선을 다 할 때이다. 그러나 그 동안 침체 속에서 고통을 받아온 사람은 삼 개월 정도 지나면 좋은 결실이 있다.

58. 용진격(勇進格), 길

명성사해운으로서 의지관철·지혜덕망·만사여의·재물융성의 명을 암시하는 수리이다. 운세는 인·허가 신청이나, 영업·유통·마케팅 쪽의 일은 양호하다. 상호 협조와 공동 유대로써 이루는 사업은 대단히 좋은 기회이다. 겸손한 마음의 자세로 정성을 다 하면 상호 협의하는 일은 큰 진전을 이룰 수 있다. 그 동안 침제됐던 일이 마침내 호전의 기회가 왔다. 노력과 결실을 맺게 되어 훌륭한 성공을 이룰 수 있다. 그러나 금전의 유통은 다소 고통이 따른다.

59. 병액격(病厄格), 흉

병난불구운으로서 건강장애·만사실패·평생불만·재앙속출의 운을 내포하고 있는 수이다. 옛사람의 말에 갯벌에 배라는 글귀가 있다. 조수가 밀려들지 않으면 배는 움직일 도리가 없는 것이다. 현재의 운수가 이 배와 같다. 운세는 당장은 움직이지 말고 때를 기다리는 것이 좋다. 계획하는 일마다 분열이 일어나 힘이 분산되므로 부실하게 행할 수밖에 없다. 주위에 유혹도 많지만 소신을 가지고 이끌어 나가라. 재물은 적은 금액도 순환이 어려운 때이니 어음이나 수표 거래는 큰 불행을 초래한다.

60. 이산격(離散格), 흉

파란중첩운으로서 과대망상·재앙흉성·정신박약·노력수포의 운을 암시하는 수이다. 운세는 뜻하는 바가 잘 이루어지지 않고 실직과 강등을 당하는 운이다. 끈기를 가지고 장기전에 대비하여 철저히 자신을 가꾸는 노력을 해야 하며, 청렴하고 사심 없는 자세로 최선을 다 하면 기회는 반드시 온다. 사업운은 운이 막혀 있는 상태에서는 급한 마음으로 감언이설에 넘어가는 수가 많으므로 서두르지 말고 인내와 끈기로써 때를 기다리는 방법 밖에는 없다. 증권은 보합 장세에서 후에는 하락 장세로 돌아선다.

61. 복수격(福壽格), 대길

안강대복운으로서 수복만창·재물풍족·만인신망·다재다능의 뜻을 암시하는 수이다. 운수는 대단히 좋은 운세이다. 무슨 일이든 직감적인 판단으로 밀고 나가면 놀라운 발전을 이룰 것이다. 물질에 너무 치우치지 않고, 정신적인 차원에서 밀고 나가면 놀라운 수확을 얻게 된다. 이성 문제도 활기를 찾는 좋은 운이다. 재물은 수입과 지출이 많은 시기이다. 운세만 너무 믿지 말고 큰 거래는 삼가라. 부동산은 서서히 이루어진다. 큰 이익은 없지만 사두면 손해는 없다.

62. 부정격(不定格), 흉

형액피화운으로서 파란골절·심신허약·진로장애·중년좌절의 운을 나타내는 수리이다. 울타리 안에 나무가 갇혀 있는 형국이다. 화분에 심어 있는 나무로서 충분히 성장할 도리가 없다. 그래서 자신도 모르는 사이에 스스로 제 형편을 어렵게 만든다. 직위가 올라가 형편이 나아지면 어느 틈엔가 방심하여 좌천을 당하거나 실직을 하게 된다. 재물은 융통과 순환이 어렵고, 특히 유흥비 지출이 늘어나는 시기이다. 증권·경마 등 투기성 업종은 절대 금물이다. 연애는 남녀 모두 불륜의 사랑을 하게 되는 경우가 많다.

63. 융창격(隆昌格), 대길

지용득지운으로서 권세위력·일취월장·지혜덕망·지모출중의 명을 내재하고 있는 수리이다. 운세는 오랜 시간을 통하여 훌륭하게 만들어진 물건과 같고, 많은 시간에 걸쳐 벌어들인 재물이 산더미처럼 쌓이게 된 상태와 같이 안정된 경제를 의미하고 있다. 그리고 다단한 경제 속에서 끈기 있게 이겨내어 결정체가 되는 시기를 만나고 있다. 재물은 현재의 상태도 원활하지만 앞으로도 점진적으로 발전하여 활발해진다. 시험은 반드시 합격한다.

64. 길흉격(吉凶格), 흉

극성극쇠운으로서 근근연명·심신허약·고독역경·부부상잔의 운을 내포하고 있는 수이다. 모든 일이 뜻대로 되지 않아 난처한 입장에 있다. 자신의 의견이나 계획을 상대에 말해도 좀처럼 들어주지 않는 때이다. 특히 이성간에 불목하는 운이므로 모든 일에 장애가 발생한다. 그러므로 모든 일을 뒤로 미루고 현상 유지만 하라. 그렇지 않으면 큰 손해를 본다. 건강은 신장과 소화기 계통의 질환에 주의하라. 환자의 경우는 병이 위중할 수 있다.

65. 승천격(昇天格), 대길

만인추앙운으로서 만인칭송·덕망겸비·두뇌명철·처세탁월이 암장되어 있는 수리이다. 운세는 봄의 기운이 완연한 때이다. 직장인은 승진·영전운을 만나고, 학생은 외국 유학이나 좋은 학교에 들어간다. 다만 기회를 놓치지 않도록 노력이 필요하다. 사업운은 활발한 기운을 받고 있다. 모든 일은 일사천리로 진행되며, 지금은 새로운 일을 시작하거나 확대하는 데 가장 좋은 시기이다. 부동산은 보류하라. 좀더 기다리면 큰 이익이 돌아온다. 증권은 상승하는 장세이다. 출산은 슬기로운 미모의 공주가 탄생하겠다. 이사는 하면 유익하다. 연애운은 애정운이 활발해지는 시기이다.

66. 조난격(遭難格), 흉

파란곡절운으로서 연약부진·조실부모·심신허약·처자상별의 운을 암시하는 수리이다. 사업운은 자기 능력 밖의 계획을 세우면 실패를 암시하는 운이다. 어음·계약·견적 등 여러 가지 서류상의 구설이 따르므로 서류 정리를 면밀히 하고 계획과 검토를 신중하게 해야 한다. 취직운은 어렵다. 된다 해도 오래 가지 않으며, 주위 사람들과 시비구설만 일어난다. 그러나 특수 전문직은 희망이 있다.

67. 축재격(蓄財格), 대길

점진성공운으로서 부귀안락·사회명망·정신확고·계획치밀의 명이 내재되어 있는 수이다. 사업은 화기롭게 발전할 수 있는 좋은 기회이다. 기회는 절대 기다려 주지 않는다. 망설이거나 주저하지 말라. 소원은 서둘러서 실행하라. 귀인을 만나 좋은 결과를 얻게 된다. 증권은 강보합 장세이다. 연애운은, 여자는 순정을 다 바치고, 남자는 정열적으로 구애하는 시기이다. 여행은 할 수 있다. 그러나 소지품을 분실할 수 있으므로 주의하라.

68. 입신격(立身格), 대길

자손여경운으로서 대업완수·의지관철·자력성취·상당지위의 명을 암시하는 수이다. 운세는 의지할 수 있는 귀인을 만난다. 또한 주위의 인화력에 호응하여 자신의 위치를 굳힐 수 있는 때를 맞이한 것이다. 재물운은 주위에서 출자해 주는 성원에 힘을 받아서 금전적인 유통도 잘 이루어지고 이득도 많을 전망이다. 증권운은 약보합세에서 소폭으로 상승한다. 부동산은 지금이 적당한 시기이다. 만일 지금의 시기를 놓치면 어려운 일이 닥친다.

69. 중절격(中折格), 흉

욕망무한운으로서 가산탕진·역경방황·고독병고·처자극해의 명을 암시하는 수리이다. 현재 암담하고 발전할 수 없는 상태이며, 괴로움과 번민에 빠져 있는 모습 그대로이다. 그러므로 일반적인 운수마저도 내다보기 어려운 형편이므로 경거망동을 삼가야 한다. 재물운은 예산을 극도로 축소하고, 모든 계획을 재검토하여 낭비와 지출을 줄여나가야 한다. 부동산은 문서상 하자가 생기거나 사기를 당할 운이니 때를 기다려라. 소송운은 선배나 윗사람의 조언을 듣고 처리해야 하며, 고집을 세우면 망신을 당할 운수이다.

70. 고난격(苦難格), 흉

폐질단명운으로서 유두무미·진로장애·도처악재·재능박약의 운을 내재한 수리이다. 사면초가의 상태이다. 참으로 힘겹다. 사막에 광풍을 만난격이므로 고통의 나날이다. 아직 그렇지 않으면 철저히 준비하고 조심하라. 금전은 회전이 순조롭지 못하다. 나갈 것은 많고 들어 올 것은 적다. 남에게 빌려준 돈은 받기가 힘들다. 연애운은 사귀는 사람이 있다면 헤어질 운이다. 취직운은 서두르지 말고 때가 오기를 기다려라. 기회는 반드시 찾아온다.

71. 독립격(獨立格), 길

초지관철운으로서 만사통달·인내성공·선인은덕·근면성실의 운을 나타내는 수리이다. 이른바 해상의 아침 해이다. 새벽 노을에 바다며, 하늘이 온통 붉게 물들어 있을 때이다. 금후의 인생 항로에서는 몇 번이고 곤란을 겪게 되겠지만 자신을 완성시키는 것은 줄기찬 노력과 최후까지 버티고 굽히지 않는 투지이다. 금전운은 지금의 회전되고 있는 상태보다 더 크게 바라지 말라. 현재의 상태를 유지하는 것이 최선의 방책이다. 출산운은 모든 면에서 원만하고 책임감이 강한 귀자가 탄생한다.

72. 전진격(前進格), 길

자수성공운으로서 만민모범·자손영달·통솔저력·만사능숙의 운이 내재되어 있는 수이다. 형통한다는 것은 분발하고 노력함으로써 일이 성사된다는 뜻이다. 새끼 여우가 처음에는 의기양양하게 강을 건너지만, 주의력 부족으로 한 걸음을 남기고 꼬리를 적시고 만다. 따라서 끝에 이르러 좌절하지 않도록 유념해야 할 것이다. 운세는 절대로 중간에서 좌절하거나 포기하지 말라. 살 길은 노력하고 끝까지 도전하는 것이다. 건강은 신경성질환·혈액순환장애 등을 조심하고, 여자는 냉병이나 자궁 계통의 질환을 유의하라.

73. 통어격(統御格), 대길

지모겸비운으로서 대통치자·인격고매·안과태평·백화만발의 명을 암시하는 수리이다. 긴 안목으로 튼튼한 기반을 구축해 나가는 시기이다. 소원운은 대단히 좋은 결과가 나타난다. 재물운은 준비된 금전보다는 주위에서 출자해 주는 성원에 힘을 받아서 금전적인 유통이 잘 이루어지고 이윤도 많을 전망이다. 부동산은 지금이 적당한 시기이다. 연애운은 많은 상대가 나타난다. 여성의 입장이라면 경쟁자가 많고, 남성은 많은 여성에게서 추파를 받는다.

74. 파괴격(破壞格), 흉

제사불성운으로서 독자탄식·내외불화·흉년패망·인덕부족의 명을 암장하고 있는 수이다. 거듭 이쪽에서 딱한 사정을 하소연해도 들어주지 않는다. 재물운은 지금 당장 바라는 것이 들어오지 않을 때이다. 큰 욕심을 부리면 오히려 해가 된다. 부동산은 이익이 없다. 특히 서류 등의 문서상에 유의해야 한다. 결혼운은 이루지 못한 사랑에 빠졌으므로 단호히 포기하는 것이 좋다. 반드시 후회할 일이 생긴다.

75. 수령격(首領格), 길

지모출중운으로서 선견지명·만사여의·재복원만·대재다능의 명을 암시하는 수이다. 운세는 태만하지 않고 하던 일을 착실하게 밀고 나아가야 한다. 자칫하면 공든 탑이 무너진다. 지나치게 큰 꿈을 가지면 고전을 면하기 어렵다. 마음을 가다듬고 모든 일을 신중하게 처리하면 계획을 성취할 수 있다. 재물운은 씨앗을 뿌리는 자가 거두어들인다. 서두르지 말고 서서히 준비하라. 앞날을 대비할 필요가 있다.

76. 무공격(無功格), 흉

곤고실패운으로서 위력결핍·재화연속·가족상별·일생부침의 운을 내장하고 있는 수리이다. 직장인의 경우는 우선 승진을 서두르지 말고 주위의 시선이 곱지 않으니 겸손하게 행동하며, 이성 문제가 복잡하여 함정에 빠질 수 있으니 각별히 유념해야 한다. 무슨 일이든지 뒤로 물러나서 자중하고, 독자적인 행동은 눈총을 받으니 처신에 주의하라. 증권운은 하락 장세이고, 결혼운은 초혼은 어렵지만 재혼은 양호하다. 소송운은 합의하는 것이 좋다. 이긴다 해도 손해를 본다. 이사운은 하면 유익하다.

77. 침체격(沈滯格), 흉

패가망신운으로서 파란중첩·가정불행·일생부침·중도실패의 운명을
암시하는 수리이다. 운세는 세력만 믿고 성급하기 쉬운 때이며, 독에 물
이 꽉 찬 형상이므로 위험 수위에 와 있다. 분별력을 가지고 행동하지
않으면 큰 파탄이 온다. 소원운은 한 번 기회를 놓친 격이므로 고요히
때를 기다려야 한다. 금전운은 지금보다 더 많은 것을 얻으려 하지 말
것. 욕심은 반드시 손해를 본다. 부동산운은 당장은 어렵다. 상대편에서
스스로 응할 때까지 조용히 기다려라. 이사운은 중단할 것, 그렇지 않으
면 횡액을 당하기 쉽다.

78. 불안격(不安格), 흉

병난불구운으로서 근난역경·고독단명·흉진전패·재사불성의 운수가
내재되어 있는 수리이다. 운세는 가정의 갈등, 친인척과의 다툼, 또는 애
정 문제로 괴로움이 발생하는 시기이다. 옛사람들은 이럴 때 창문을 통
해 달을 본다고 말했다. 밝은 달빛이 스며드는 창가에 서면 하루의 더
위를 잊고 마음이 편해진다는 말이다. 결국 인간이 머무르는 곳은 가정
이라는 뜻이다. 재물운은 너무 무리하면 고통이 따르고, 여행은 가족을
동반하면 양호하나 그렇지 못하면 취소하는 것이 좋다.

79. 고행격(苦行格), 흉

의지박약운으로서 분리파괴·육친무덕·중도좌절·의지박약의 운을 내포하고 있는 수이다. 운세는 지금은 막막하고 고통스러우나 얼마 후에는 역전의 훈풍이 불어온다. 인생은 사다리처럼 올라가고 내려가는 것이 순리인 것처럼 사업 확장은 뒤로 미루고 자질을 향상하여 때에 대비하는 방법이 가장 현명하다. 재물운은 금전 유통이 뜻대로 되지 않는다. 내부에서 불화가 일어날 가능성이 있으니 관리와 점검을 철저히 해야 한다. 건강운은 암·관절염 등의 질병에 특별한 관심을 가지고 관리하라.

80. 마장격(魔障格), 흉

파란자초운으로서 일생부침·동분서주·가족상별·신용결핍의 명을 가지고 있는 수리이다. 깎이고 빼앗긴다는 의미를 가지고 있다. 이른바 추풍낙엽의 고달픈 처지이며, 자신의 성의와 호의가 전혀 통하지 않는다. 오로지 기력을 회복하여 운이 차는 날을 기다릴 뿐이다. 실질적인 면에서도 하고 싶지 않은 일을 하게끔 억눌러서 강요를 당하고, 또 못된 친구가 찾아와서 나쁜 짓을 강제로 요구하는 일들이 생기는 악운이다. 사업운은 개혁보다는 지금의 문제에 더욱 신경을 써서 지혜를 발휘해야 하며, 자신을 과신하지 말라, 특히 이성 문제에 조심하고 신중하게 행동하라. 부동산의 매도·매수 모두 손해이므로 시간을 가지고 해결해야 한다. 건강은 특별한 염려는 없으나, 성형수술 같은 인위적인 의술을 이용하면 오히려 위험하다.

81. 환원격(還元格), 대길

장수번영운으로서 수복겸전·만사형통·지략출중·재덕겸비의 운명을 암시하는 수리이다. 운세는 지금까지 안일하게 지내온 사람은 일대 경고를 받는 시기이고, 고통스럽게 살아온 사람은 새벽 동쪽 하늘에 새 희망이 비쳐오는 시기이다. 이것이 역이 지닌 순환의 오묘한 이치이다. 단행은 너무 무리하지 않게 서서히 혁신 작업을 해 나가는 때이다. 사업운은 지난날의 낡은 경영 방식보다는 새로운 면모로 혁신해야 하는 때이며, 경영주도 세대 교체가 일어나는 시기이다. 과감히 도퇴시키고 개선해야 한다. 부동산은 사는 것은 불리하고, 파는 것은 길하다. 증권은 하락하다가 약보합 장세를 이룬다. 출산운은 사리가 분명하고 흠잡을 곳이 없는 아이가 태어난다. 이사는 양호하다. 여행운은 좋은 때이지만 도난 사고에 대비할 것.

수(數)의 본질(本質)

數理醫學

제9장

수(數)의 본질(本質)

수(數)는 일반적인 의미에서 보면 사물의 질량을 계산하며 측정하는 수단과 방법일 것이다. 그러나 이것을 철학적으로 해석하면 수는 사물의 원천이며 유(有)와 무(無)의 변화하는 상(象)이고, 검은빛과 흰빛의 운동 현상인 것이다. 다시 논하면, 우리가 우주의 공간에서 변화하는 사물의 상을 헤아려 보면 그의 변화 원리가 야릇하고 묘해서 그 유래한 단서를 찾아낼 수가 없다. 그러나 상고하여 살피어 보면 여기에는 우리가 알아챌 수 있는 기틀이 잠재되어 있다. 이것이 바로 수(數)의 본원(本源), 곧 수의 주장이 되는 근원이며 만물의 창조점인 것이다. 그래서 수를 사물(事物)의 본질이라고 하는 것이다. 따라서 우주 변화의 주체인 음양의 운동이나 유와 무의 분파 현상은 모두 사물의 본원인 수에 의해서 일어나는 현상이다.

수(數)는 계산을 위해서 인간이 임의로 만든 것이 아니고 수 자체가 진리이며 철학이다. 그러므로 수가 나타내는 모든 상(象)은 허상이 아니고 실상이다. 다시 말하면, 만물은 그의 본질대로 상이 나타나고, 상에는 반드시 그 상의 독자적인 수리가 있다는 것을 의미한다. 그렇다면 만물의 본질인 수는 무엇이며, 어디에서 구해야 하는가? 그것은 주역의 관점에서 논하면 오행 생성의 원리인 하도(河圖)와 오행 상극의 작용인 낙서에서 구해야 한다. 좀더 자세히 말하면, 하도는 자연수가 통일하는 상을 표시한 것이고, 낙서는 자연수가 발전하는 상을 나타내는 것이다. 따라서 하도와 낙서의 산합(散合)하는 상을 연구하면서 수상(數象)과의 관계를 깨치고 터득해야 한다. 하도와 낙서의 해석은 앞장 〈역의 발전편〉을 참고하고, 본장에서는 낙서의 상이 표현하고 있는 우주 발전의 변화에 대한 금화교역(金火交易)에 대하여 논하기로 한다.

금화교역의 원리

금화교역은 본래 낙서에서 그 상이 표현되었다. 하도에서는 생하는 원리만을 나타냈는데, 낙서의 출현에 의해 상극의 형상이 제시되면서부터 원리로서의 기본이 생긴 것이다. 다시 언급하면, 낙서에 4·9 금이 남방에 와 있고 2·7 화가 서방에 가 있는 것은 금이 불(火)를 싸기 위해서 위치를 바꾸어 있는 것이다. 우주의 목적은 태극의 형성에 있다. 그래서 그것을 형성하기 위해서는 화를 다시 금·수 속에 가두는 일이 필요하므로 상화(相火)로 하여금 그 준비를 하게 한 것이다. 다음은 오운(五運)과 육기(六氣)가 상호 교역함으로써 조화를 이루는 바를 논한다.

오운(五運)

오운이란 우주 변화의 필연적인 불변의 관계를 드러내는 것이 아니고, 그저 우주가 스스로 변화하는 법칙과 상(象), 곧 우주의 내면에서 발생하는 운동의 법칙과 상을 일컫는다.

오운은 甲己土 운에서부터 발생한다. 오행(五行)의 경우에는 木·火·土·金·水의 순서로 생하고, 木·土·水·火·金의 순서대로 극한다. 그러나 오운은 土에서부터 시작해서 土·金·水·木·火의 순으로 상생한다. 곧 甲己土가 乙庚金을 생하고, 乙庚金이 丙辛水를 생하며, 丙辛水가 丁壬木을 생하고, 丁壬木이 戊癸火를 생하며, 戊癸火가 다시 甲己土를 생하면서 순환하는 것이다.

오운은 스스로 천변만화하는 상으로서 방위의 구속을 받지 않으므로 변화하는 데에 장점이 있고, 오행은 변화의 상을 표현하는 데 부족할지라도 동서남북 방위의 개념이 엄격하다. 따라서 우주의 운행상으로 볼 때 오행은 주체이고 오운은 객체인 것이다. 그러나 오행의 필연적인 법칙이 우주상에 행할 때에는 오행은 반드시 육기(六氣)로 화하여 주체의 역할을 하게 된다. 그러므로 지구상의 모든 물질은 육기의 영향하에서 생성하는 것이다.

육기(六氣)

육기란 일양일음(一陽一陰)의 운동 과정에서 오행의 형상과 질(質)에 변화를 일으키어 운행(運行)의 기(氣)가 한 가지 더 늘어나게 됨으로써 육종(六種)의 기가 된 것이다. 다시 논하면, 우주 공간에서는 오행의 기운이 각각의 기를 발광(發光)하는데, 이 빛은 오행 고유의 성질인바, 이 기운이 활동을 시작하게 되면 오운으로 화하고, 더 나아가 오운의 집합과 분열 운동이 지구를 중점으로 기운차게 움직이면 지구에서는 이 기운이 육기의 상태로 바뀌는 것이다.

육기도 오행과 같이 그 기본은 木·火·土·金·水에 있다. 따라서 그 성질에 있어서는 근본적으로 아무런 차이가 없다. 그러나 육기와 오운은 변화하는 요소에서 오행과 차이를 두고 있다. 학설에는 지구는 축이 23도 7분가량 기울어져 있기 때문에 여기에서 인신상화(寅申相火)라는 또다른 불(火)이 하나 더 늘어나 오운 → 상화 → 육기로서 드러낸 것이다 라고 논하지만, 필자의 소견은 오운에서 土로부터 시작된다는 것은 모든 만물이 지구상에 현존하기 때문에 오행의 생성이 甲이 아닌 土에서 시작하는 것이고, 또 그 지구가 태양의 둘레를 공존하기 때문에 또 다른 불씨인 태양의 빛을 받아들여 육기의 일원으로서 지지(地支)에서는 두 개의 화(火)가 작용하게 되었다고 사료된다.

육기(六氣)의 시공간(時空間)적인 활동을 수(數)로써 논하면,

봄 : 寅(3) + 卯(8) + 辰(5) = 16

여름 : 巳(2) + 午(7) + 未(10) = 19

가을 : 申(9) + 酉(4) + 戌(5) = 18

겨울 : 亥(6) + 子(1) + 丑(5) = 12 - 子(1) = 11

이것은 사계절의 분할 상태를 숫자로 표시한 것이다. 모두 합하면 65 수이나 子(1)은 태초의 원류에 해당하여 시공간적인 활동이 제한적이므

로 공제하면 우주 만물이 변화하고 생성하는 이치인 64괘가 성립할 수 있는 원칙이 여기에서부터 시작된다.

사계절의 분할 상태를 계절별의 비율로 논하면, 봄의 비율은 64분의 16이고, 여름은 64분의 19이며, 가을은 64분의 18이고, 겨울은 64분의 11이다. 이 비율을 유추하면 여름과 가을에 만물이 가장 분합(分合)되고, 봄과 겨울에는 분합률이 저하된다는 것을 알수 있다. 그러나 이것은 하도와 낙서가 출현한 중국의 황하강 유역을 기준한 것이므로, 각국의 방위차를 참고하여 헤아리면 결론은 동일하게 된다.

이와같이 육기의 운동은, 남서는 확장되고 동북은 축소되었는데, 이것은 사정위인 묘유(卯酉), 사유위인 축미(丑未)가 사상위인 사해(巳亥)를 중심으로 움직이는 경우로서, 선천의 지축을 중심으로 운동하는 경우를 뜻한다. 그러나 만약 축미(丑未)를 중심으로 운동하는 후천의 무량세계(無量世界)라면 각 20수가 균형을 이루어 운동을 할 것이다. 다시 논하면 寅(3), 卯(8), 巳(2), 午(7) 의 20과 申(9), 酉(4), 亥(6), 子(1)의 20수가 균형을 이루어 움직인다면 지구상의 모든 만물은 있는 듯 없는 듯이 밋밋하게 될 것이다.

육기(六氣)가 변화하는 것은 오운(五運)의 경우와 동일하다. 다만 오운은 변화에 있어 대화작용(상대가 있음으로써 변화를 꾀함)의 조력으로 변화하고, 육기는 대화작용과 자화작용(자력으로 변화를 꾀함)의 두 종류의 힘으로 인해 변화한다는 점이다. 자화작용은 반드시 土의 역량과 합하여 이루어지는데, 오운의 경우에는 甲己土의 변화작용에만 의존하는 것이므로 金水木火는 스스로 자화할 수가 없다. 곧 방위는 동서남북의 네 곳인데, 오운은 두 개의 土가 부족하여 자화작용을 못하는 것이다. 그러나 육기는 辰戌丑未 네 개의 土가 있음으로써 오운처럼 대화작용도 하고 자화도 하면서 완전한 변화에 이르는 것이다.

우주 삼라만상의 모든 변화는 운(運)과 기(氣)의 거듭되는 분합(分合) 작용에 의해서 이루어진다. 현실세계에서 동정(動靜)하고 있는 모든 사물은 그 변화의 상태가 복잡다단할지라도 상(象)의 형세 판단에 능한 사람에게는 장중지물(掌中之物)에 불과할 것이다. 또 우주의 사물들이 단순히 상(象)만 드러낸다고 하면 그 상의 판단에 많은 혼란이 있을 수 있다. 그러므로 이와 같은 폐단을 방지할 수 있는 자연수가 상과 함께 아울러 있는 것이다. 이것을 상수(象數)라고 칭하는데, 수는 상의 의미를 밝혀주고 그 내용을 증명해 준다. 따라서 오운과 육기의 변화작용은 이같이 상과 수에 의해서 그 내용을 관찰하고 드러냄으로써 현실적인 실용에 참여할 수 있다.

이와같이 모든 수(數)는 우주가 발전하는 상(象)의 활동하는 모습을 그대로 표현한 것으로서 이는 계수상(計數象)의 수치만이 아니라는 것을 알수가 있다. 그러한즉 자연수(自然數) 자체가 바로 생활 철학이라고 하는 것은 참으로 여기에 그 근거가 있는 것이다.

제10장

수(數)와
풍수(風水)

數理醫學

제10장

수(數)와 풍수(風水)

풍수지리란 지형(地形)과 방위(方位)를 인간의 길흉화복과 연관지어 집터와 묘터에 알맞은 장소를 구하는 이론이며, 풍수지리를 문자 그대로 논하면 물과 바람을 통하여 땅의 이치를 밝히는 학문이라고 할 수 있다.

풍수지리를 분류하면 구조상으로 양택풍수(陽宅風水)와 음택풍수(陰宅風水)로 구분하고, 이론상으로는 형기풍수(刑氣風水)와 이기풍수(理氣風水)로 구분할 수 있다. 양택풍수란 사람이 살거나 사용하는 건물 등에 관한 풍수이고, 음택풍수란 망인(亡人)이 묻히는 묘에 관한 풍수를 말한다. 형기풍수는 좌청룡(左靑龍) 우백호(右白虎)라고 하듯이 지세(地勢)의 형상을 논하는 것이고, 이기풍수는 좌향(左向), 곧 집의 방향이나 묘의 방향에 대하여 논한 것이다. 그러므로 형기풍수에서 말하는 명당이란 4가지의 조건이 갖추어진 것을 말하는데, 그것은 용(用)·혈(穴)·사(砂)·수(水)를 가리킨다.

작금의 풍수 가운데는 낙서의 구궁원리와 후천팔괘가 결합하여 시간과 공간을 포괄한 우주 삼라만상의 변화와 음양오행의 생화극제를 예측하여 천문·지리·인간만사의 길흉을 판단하는 기문둔갑의 삼원(상원·중원·하원)과 구궁팔괘(감1, 곤2, 건3, 손4, 중5, 건6, 태7, 간8, 이9)를 풍수지리에 응용하여 지세를 판단하는 법이 있는데 상당한 정확성을 가지고 있다. 이렇듯 모두 수(數)는 우주가 발전하는 상(象)의 활동하는 모습 그대로를 나타내는 도표로서 이는 계수상(計數上)의 수치만이 아니라는 것을 알 수 있는 부분이다.

명당의 조건

명당의 조건인 용·혈·수·사에 대하여 논하면 첫째 용(龍)은 산줄기를 일컫는 말로서 전부터 풍수에서는 산줄기를 산(山)이라고 하지 않고 용이라고 불렀다. 그 까닭은 산세가 마치 살아 있는 용처럼 위아래로 꿈틀거리거나 좌우로 빙빙돌면서 생기 있게 살아 움직이는 변화가 뚜렷이 나타나야 그 산을 명산 영봉으로 인정했기 때문에, 특별히 그러한 산줄기를 용이라고 칭하고 있다. 둘째 혈(穴)은 대지의 기운이 한곳에 집중되어 쌓인 장소로서 양택이나 음택에 적합한 장소를 혈이라고 하며, 셋째 사(砂)란 풍수의 전문 용어로 혈을 중심으로 하여 주변에 있는 모든 산을 사라고 한다. 동서남북을 상징하는 좌청룡·우백호·전주작·후현무 등도 사에 속한다. 넷째 수(水)는 문자 그대로 물을 의미하는 것으로 건물이나 묘터를 에워싸고 있는 물도 이에 해당한다. 기존의 풍수지리 학설은 용·혈·사·수의 4가지 조건만 잘 구비되면 명당(明堂)이라고 한다.

그럼 명당의 조건에 대하여 논하면, 먼저 용(龍)이 내려오는 윗 산은 주장(主將)이 되는 산이므로 주산(主山)이라고 하며, 용자 앞에 내자(來子)를 붙여 내룡(來龍)으로칭한다. 내룡이 힘차게 변화하면서 내려오다가 멈춘 곳에 묘를 쓰게 되는데, 이 묘를 쓰는 자리가 바로 혈이 되고, 그리고 혈의 왼쪽에 있는 산이 청룡이며, 오른쪽에 있는 산이 백호이고, 혈을 기준으로 앞쪽에 있는 산이 주작이며, 뒤에 있는 산이 현무이다. 그래서 좌청룡·우백호·남주작·북현무라고 칭한다. 명당이라고 하는 것은 건물터나 묘터의 자리가 좋은 경우를 말하는데, 풍수상 전문 용어로서의 명당이란 혈 앞의 평평(平平)한 곳을 의미한다.

청룡과 백호는 하나의 산으로 되어 있는 경우도 있지만, 2겹·3겹 등으로 겹겹이 둘러 있기도 하는데, 이처럼 청룡이 겹쳐 쌓여 있을 때 안에 있는 산을 내청룡, 바깥쪽에 있는 산을 외청룡이라고 한다. 백호도 안쪽에 있는 산은 내백호, 바깥쪽에 있는 산은 외백호라 한다. 그래서 혈(穴)을 중심으로 가까이 있는 산은 내청룡·내백호이고, 멀리 있는 산은 외청룡·외백호이다.

혈판[穴坂 : 묘자리에 혈이 잡혀 광(壙)을 파기에 마땅한 곳]은 주위의 보호사(保護砂)에 의하여 보호를 받아야 한다. 사방 가운데 한 곳이라도 비어 있으면 그만큼 불리하다. 보호사 중 좌측을 보호하는 산을 청룡, 우측을 보호하는 산을 백호라 하며, 청룡과 백호가 감싸안아 보호하듯이 혈판 앞도 산이 있어 혈판을 보호하면 양호한데, 그 앞에 있는 산을 안산(案山)이라 한다.

이처럼 백호·청룡·주산·안산이 혈을 감싸고 있으면 밖으로부터 불어

오는 바람이 청룡·백호 등의 보호사에 부딪혀 약해지면서 순화가 되는데, 이는 산세가 이완되어 순화되는 것과 같이 바람도 살(殺)을 없애고 유연해지는 것이다. 이와같이 순화가 되어 혈에 도착한 바람은 오히려 혈판에 좋은 역할을 주는 바람이 된다.

청룡에도 내·외청룡이 있고 백호에도 내·외백호가 있듯이, 앞산도 안산 하나로는 부족하여 안전 장치로 그 뒤에 조금 더 크고 높은 산이 있으면 길한데, 이런 산을 아침 조(朝)자를 써서 조산(朝山)이라고 한다. 이 조는 아침의 뜻도 있지만 조우 등 절을 한다는 의미도 함께 지니고 있다.

당판(堂坂 : 마루청의 널)을 꽃에 비유하면 혈은 씨방에 해당하는데, 씨방을 꽃의 수술이나 여러 겹의 꽃잎이 에워싸서 보호하듯이 혈도 주변의 산들이 두루 감싸서 안고 있어야 더욱 보전이 잘 된다. 이와같이 꽃의 수술과 잎이 씨방을 빙 둘러싸서 보호하듯이 풍수지리에도 보호사들이 에워싸서 안고 있는 자리가 혈에 해당한다.

풍수라는 언어는 바람을 막고 물을 얻는다는 뜻의 장풍득수(藏風得水)를 줄인 말로서 자연환경론적으로 우리의 선조들이 오랫동안 쌓아온 경험 과학이다. 역사상의 사실적 상황으로도 조선왕조가 개성에서 한양으로 천도할 때 풍수지리설에 의해 자리를 잡고 도성을 건축하였다.

광화문 앞에 해태상을 외국의 한 조각가가 거리의 환경조각예술로만 관찰한다면 그는 끝내 그 작품을 이해할 수 없을 것이다. 그것은 불의 형상인 관악산의 화기를 제어하기 위한 풍수적 의미로 탄생했기 때문이다. 동대문의 옹성 역시 전투적 개념으로 옹성을 파악하고 방어 전술을 상상해 보았자 헛수고만 하게 된다. 그 의미는 좌청룡에 해당하는 동쪽의 허약성을 보완하기 위해서 쌓은 성벽이기 때문이다. 또한 남대문의 현판인 숭례문이 세로로 되어 있는 까닭에서부터 전통 한옥의 좌향과 대문의 위치 등 우리의 전통 문화가 풍수지리 사상과 일치하지 않는 것이 없을 정도이다.

양택과 음택

풍수지리는 크게 양택(陽宅)과 음택(陰宅)으로 분류하는데, 양택은 산 사람들이 사는 집이고, 음택은 망자들이 머무르는 집이다. 또 양택에는 양기(陽氣)가 부수되는데, 양택은 건물이나 주택을 다룰 때 사용되고, 양기는 도읍지·군현·취락지를 구할 때 사용된다. 그리고 양택이든 음택이든 동일한 이치로서 판단하는데, 이는 조산(祖山)·내룡(來龍)·과(過)·협(峽)·기(起)·정(頂)과 청룡·백호·조산·안산·나성(羅城)·수구 등을 똑같이 참고하면서도 양택의 경우는 그 혈장(穴場)이 넓어야 하고, 음택의 경우는 혈장이 꽉 짜이게 좁아야 한다는 것이다. 이것은 혈장이 넓을 때, 도읍지보다 작으면 주읍이, 더 작으면 향촌이, 그리고 아주 작으면 주택이 들어서고, 이보다 더 작으면 묘터가 된다.

양택은 이러한 땅의 지기를 받는 것도 중요하지만, 집의 형태와 위치·방향을 더 중시하며, 세밀하게 집의 대문·안방·주방 등도 참고하는데, 이것을 양택삼요결(陽宅三要訣)이라고 일컫는다.

풍수지리에서는 양택삼요결을 천지자연의 이치에 순응하여 삶의 질을 향상시키는 규법으로 여긴다. 먼저 좋은 주택에 대한 조건은, 첫째 따뜻

해야 한다. 양택에서의 풍(風)은 공기 흐름이 막히지 않고서 통하고 맞바람을 차단한다는 의미가 있다. 자연적으로 따뜻하다는 것은 밝은 것을 의미한다. 따라서 남쪽이나 동남향을 하고 있으면 자연스레 따스하고 밝게 마련이다. 또 생기는 땅에서만 받는 것이 아니며 태양으로부터도 받는다. 모든 생물은 햇볕을 필요로 하는데, 같은 햇볕이라도 찬란하게 솟아오르는 아침의 햇살이 가장 싱그러운 기운이다.

둘째는 편안한 느낌이 들어야 한다. 편안함이란 대지의 생김새나 모양뿐만 아니라, 건물 자체에도 적용이 된다. 이를테면 교회의 건물같이 뾰족한 모양은 교회의 상징적인 의미로는 가치가 있겠지만, 보통의 주택으로는 부적합하다. 경사가 심하여 불안한 형태의 가옥이나 삼각형 모양의 대지가 부동산적으로 값어치가 떨어진 것도 바로 이러한 연유 때문이다.

셋째는 도로에 인접하고 교통이 편리해야 한다. 풍수지리에서는 물이 돌아 흘러가는 주위에 혈이 있다고 유추한다. 그런데 양택에서는 도로를 바로 그러한 물로 간주하기 때문에 도로에 접한 곳이 양택이 있는 것으로 생각한다. 또 이용 가치가 없는 물건은 아무리 좋은 물건이라도 효용 가치가 없듯이, 교통이 편리해야 사람의 왕래나 화물 등의 수송이 원활하므로 인간 생활의 중심이 되는 상권이 형성이 된다.

넷째는 앞에 펼쳐진 경치가 좋아야 한다. 활동의 근원지인 주택의 전경은 그 집에 사는 인간에게 정신적인 안정과 정서적으로 유익한 영향을 끼쳐 건실하고 완전한 사고를 하게 만든다.

나쁜 집을 가리는 방법은, 첫째 집이 어둡고 그늘지면 험하다. 집이 어둡다는 것은 방향이 좋지 않은 것이며, 그늘이 진다는 것은 높은 건물,

큰 나무 등의 장애물에 의해 햇빛이 차단된다는 뜻이다. 둘째, 막다른 골목집은 불량하다. 양택에서 깊은 물을 의미하는 것으로 막다른 골목집은 물길을 막은 결과와 같다. 물길을 막은 것은 수침(水沈)을 받은 것으로서 파가를 뜻한다.

셋째, 매워서 돋운 매립지는 좋지 않다. 땅의 기는 암반을 타고 흐르며, 생토(生土)로 이어지기 마련이다. 풍수 이론상으로도 대지의 정기는 생토에서 활성화되고, 매립지 위의 주택은 지기를 받지 못한다고 논한다. 그러나 여건이 맞지 않아 땅의 기운을 받지 못할 때는 본인의 생·년·월·일·시와 합이 있는 방위상의 운기 감응이라도 얻어야 한다. 이는 주택의 위치·방향·형태에 따라서 땅의 지기를 구할 수 있기 때문이다. 넷째, 현관(대문)에서 안방이나 주방이 보이면 좋지 못하다. 현관은 물길의 입구에 해당하므로 안방이 보이면 직수(直水)가 되어 흉한 기운이 침범한다. 실생활에 있어도 내방객의 눈에 안방이 들여다 보이면 집안의 기밀이 새어 나갈 수 있고, 주방이 바로 보이면 처자가 외부와 연결되어 흉한 일이 일어날 수 있다고 보기 때문이다. 다섯째, 벽에 금이 가거나 습기가 차면 흉하다. 기초 공사가 부실하다는 것을 알 수 있으며, 배수가 되지 않는 건물이므로 붕괴의 우려가 있는 것은 당연지사이다.

양택삼요결

양택삼요결은 건물·주택의 건축이나 대지를 매입할 때 반드시 참고해야 할 지침으로서 중국의 《지리오결》을 편찬한 조구봉의 이론이다. 그의 이론을 살펴보면, 모든 주택을 동사택(東四宅)으로 구분하고, 여기에 대문·안방·주방 등의 배치 방식을 헤아리는 내용으로 양택풍수의 중심을 이루고 있다.

집터의 선정시에는, 첫째 지세가 뒤로는 산을 등지고 낮은 곳으로 임하라는 배산임수의 법칙이 있다. 이것을 어기고 건축을 하면 흉가로 보는데, 집의 앞마당이 도로보다 낮은 집을 저가로 간주하는 것도 이러한 이유에서이다. 풍수에서 도로는 물을 의미하므로 침수가 되는 것으로 여긴다. 둘째는 주 건물이 높은 데 위치하고 정원과 부속 건물은 낮아야 한다는 전저후고의 법칙이다. 그러므로 평지에서도 부속 건물과 담장이 본건물을 호위하여 보전하도록 설계되어야 전저후고(前低後高)가 되어 복덕이 무궁하다. 셋째는 앞면은 좁은 듯하고 뒤로 갈수록 넓어지는 전착후관의 법칙이다. 가령 문입구는 좁으면서 앞마당에 들어서면 넓고 틔어 안정감이 가득 차야 한다는 것이다. 안정감이 든다는 것은 집 주위의 공기가 순환한다는 것을 의미하는데, 이것은 땅의 정기가 흩어지지 않는다는 것을 의미한다.

아파트의 배치

아파트의 배치는 좌향에 따라 여러 현상이 있겠지만, 건물의 방위를 잘못 선택하면 여름에는 시원한 바람 대신 더운 바람이, 겨울에는 역으로 추운 바람만 부는 경우가 있다. 현대의 모든 아파트들이 동남향·남향·서남향을 고수하고 있지만, 지형의 배치 관계로 북서향이 된다면 겨울에는 추운 북서풍을 정면으로 맞게 되고, 여름의 시원한 동남풍은 뒤쪽이 막히는 결과를 가져온다. 또 건물이 일직선으로 배치된 집에서 사는 사람들은 환경에서 느끼는 영향을 받아 사람도 단순해진다. 따라서 아파트의 배치도 타원형이나 사각형으로 앉혀야 한다는 것이다.

아파트의 경우, 지기의 영향을 보면 5층 이상의 상위층은 땅의 정기를 받지 못하는 문제가 있다. 명당에 묻힌 선조의 좋은 기운이 후손까지 미친다는 음택의 감응론을 유추할 때 아파트의 상위층에 살면서 땅의 정기를 받지 못한다는 것은 좋지 않는 현상이다.

아파트에 있어 로열층의 개념은 건설 초기에 난방이 소홀할 때 생긴 것으로서 풍수지리상으로 볼 때 잘못된 개념이며, 제일 좋은 층수는 역시 4층 이하이다. 지기의 기운을 받는 것은 물론이고 위험으로부터 피할 때도 아래층이 더욱 유리하다. 땅으로부터 대략 4층 높이 이상은 생물에게 좋은 환경이 아니기 때문에 나무가 더 이상 자라지 않는다. 같은 종의 나무일지라도 산등성이의 나무가 평지에 있는 나무보다 작은 이유는 공기가 소통하는 평지보다 공기가 희박한 고지대가 확실히 나쁘다는 증거이다.

안방의 중요성

양택풍수에서 안방을 가장 중요시하는 까닭은 숙면을 취할 때 그 집터의 기운을 받기 때문이다. 기(氣)는 보이지 않는 에너지로서 생기·용기·온기·양기·냉기·살기·기질·기개·기분·기색 등등 수도 없다. 이런 기의 근원이 되는 힘은 음식물을 통해서 직접 받기도 하지만, 활동을 할 때는 태양(하늘)과 공기에서 받고, 쉬거나 잘 때는 땅(지기)에서 받는다. 그래서 하루 중 많은 시간을 보내는 집, 그 중에서도 잠자는 방을 땅의 기운을 받는 가장 중요한 장소로 여긴다.

인간이 잠을 잘 때 땅의 기를 받는 원리는 인간이 잘 때는 가사 상태이며, 이때의 의식은 잠시 멈춘 무의식 상태이기 때문에 어떤 기운이든지 스며드는 것이 가능하다는 것이다. 이는 건강한 사람들은 병원에 문병을 가도 아무 일이 없지만, 병에 취약한 어린이나 노인들은 병원에서 병을 옮아 올 수도 있는 이치와 같다. 묘를 잘 쓰면 자손에게 영향이 미치는 것을 동기감응(同氣感應)이라 하고 집에서, 즉 어떠한 장소에서 감을 얻는 것을 소응(所應)이라고 한다.

풍수와 불가분의 밀접한 관계를 가진 것이 수맥이다. 먼저 수맥이 방 밑으로 지나가게 되면 방바닥이 터져 갈라지거나 장판에 곰팡이가 슨다. 수맥이 밑으로 지나가는 방에서 잘 경우 심장병이나 뇌질환을 앓기 쉽고, 임산부들은 건강하지 못한 아이를 낳을 수도 있다는 것이다. 이는 수맥이 물줄기를 공급받기 위한 자체 운동에 의해 순환운동을 계속함으로써 그 영향을 받는다는 해석이다.

어느 한 임산부는 수맥을 심하게 타는 체질인데, 알고보니 그의 방 밑으로 수맥이 지나가고 있었다. 그리하여 입원까지 한 뒤 집으로 돌아와 그 방을 폐방하고 다른 방으로 옮겼더니 씻은 듯이 나았다.

모 회장 부인은 늘 안색이 안 좋고 쉽게 권태나 피로를 느끼며, 기억력도 감퇴되고, 불면증에 시달리고 있었다. 그 집을 방문해 보니 그가 요를 깔고 자는 바로 밑에 수맥이 지나고 있었다. 그래서 수맥이 없는 방을 잡아주고 잠자리를 바꿔 주무시라고 했더니 "그런다고 좋은 일이 있 겠습니까?"라고 반문하던 부인이 며칠 후 전화가 왔을 때는 상쾌한 목 소리로 너무 고맙다는 인사를 했다.

잠자리를 옮겼더니 자고 나도 몸이 무겁지 않고 살 것 같다는 진언이 었다. 현대의학에서는 장애아가 태어나는 원인을 지나친 약물 복용과 유전병, 그리고 정신적 스트레스 등으로 진단하는데, 이런 경우가 아니 라도 수맥 관계에 의해서 똑같은 결과가 있을 수 있다.

자녀의 공부방

아이의 방도 자신의 타고난 생년·월·일·시와 합당한 방위에 의해서 길흉이 분명하게 나뉘어진다. 재능이 있는 아이인데도 침체되어 있거나 문제를 일으키는 경우에는 반드시 방위와 기 인테리어에 따라 그것을 바로잡아야 한다. 일단 주의력이 산만하고 집중력이 혼란스런 아이의 경 우에는 복잡한 가구를 피해야 한다. 책상은 출입문과 같은 벽면에 배치 하고 다른 가구들은 가급적 줄인다. 벽지·책상·커튼·장판 등도 아이의 운세에 맞는 색깔을 선정하여 배치한다. 가령, 목·화가 용신일 경우에 는 녹색과 붉은색 계열의 색상을 취한다.

기(氣)는 우주 삼라만상의 움직임과 매우 밀접한 관계가 있다. 해와 달, 바람·눈·비와 같은 자연 현상의 거대한 움직임이 종합적으로 작용 을 하여 자고 일어나면 피로가 풀리기도 하고 몸이 굳기도 하는 것이다. 그러므로 휴식을 취하고 잠을 자는 공간인 침실은 매우 소중하다. 가구의 위치 침대와 머리가 놓인 방향 등의 요소가 끊임없이 작용을 한다. 숙면을 취하기 위해서는 먼저 침방을 현관에서 가장 먼 쪽에 배치하고, 자신의 부족한 오행의 방향에 머리를 두어야 하며, 무엇보다도 수맥이 없어야 한다. 수맥이 있다고 판단되면 즉시 수맥을 차단하는 동판을 시공하여 가로막아 사이를 끊어 주어야 한다.

근자에는 현대과학도 풍수의 가치를 인정하여 학문으로서 깊이 연구되고 있다. 풍수란 자연의 변화·형세·지기의 기운을 살피고 활용하여 지내기에 매우 포근하고 아늑한 보금자리를 만드는 방법이라고 할 수 있다. 면적도 좁고 특별하게 꾸민 것도 없지만, 온화한 기운이 돌고 마음이 편한 집이 있는가 하면, 평수도 넓고 눈에 잘 띄지 않는 곳마저 정성을 다 하여 꾸며 놓은 집이 분명한데, 어딘가 모르게 옹색하고 답답한 느낌이 드는 집이 있다.

지난 때의 일을 더듬어보면 여러 번 이사를 하고 살았지만 이상하게 좋지 않은 일이 빈번했고, 가족들의 잔병치레가 많았다고 생각되는 집이 있다. 역으로, 자고 일어나면 기분과 느낌이 산뜻하며, 아침부터 생동감이 넘치고 힘이 솟는 장소에 대한 기억도 있을 것이다. 여행을 자주해 본 사람이라면 그런 기분을 적지 않게 경험했을 것이다.

풍수 인테리어

풍수란 이를테면 아주 먼 옛날부터 자연과 더불어 살아왔던 경험을 토대로 하여 몸과 마음이 편안한 삶터를 만드는 방법이라고 할 수 있다.

아늑하고 생기로운 삶터에서 온 가족이 걱정 근심 없이 화기애애하게 지내고, 사업·학업 등 각자의 일거리에 집중하여 행복과 풍요로운 생활을 누릴 수 있는 방법이 바로 풍수 인테리어이다.

방향의 위치가 좋다고 해서 생기가 잘 소통되는 것은 아니다. 문제는 방위와 꼭 들어맞는 실내를 만드는 것이다. 방위상 좋지 않더라도 그 집에 머무르는 사람이 어떻게 대처하느냐에 따라서 그 집의 기운은 달라진다. 혹여 집이 넓고 호화스러우면 기가 잘 통할 것으로 생각하겠지만, 주택의 크고 작음은 기의 흐름과는 아무런 관계가 없다. 크고 화려한 가구들이 들어찬 집보다도 작아도 꼭 필요한 가구를 단정하게 정리해 놓은 집의 기가 훨씬 더 충만하다. 기는 모일수록 좋은 것이다. 그 수효나 분수에 맞지 않게 너무 커서 행댕그렇한 집은 사는 사람의 기를 넓은 공간에 나누어주는 형태가 되어 매우 좋지 않다.

말끔하게 정리 정돈된 집은 기가 원활하게 소통한다. 집의 한가운데가 되는 곳과 복도에는 크고 무거운 물건을 놓치 않아야 하며, 집 안 모서리 같은 곳에 잡다한 물건들을 쌓아 두지 않아야 한다. 그것은 각진 모서리와 기둥의 나쁜 기운으로 가족 화합의 기가 흩어지기 때문이다. 나쁜 기운을 중화할 수 있도록 기둥과 모서리에 화분을 두는 것이 좋다.

또 아무리 기가 가득 차서 통한다 해도 출입하는 문이 막혀 있으면 아무런 소용이 없다. 현관은 집의 어귀이자 자연스레 기의 흐름을 받아들이는 관문이다. 그러므로 현관은 늘 청결하고 밝아야 하며, 또 안쪽으로 전개되는 방향이 트여 있어야 기의 흐름이 양호하다. 실내쪽이 답답하게 막혀 있다면 조명을 온화한 느낌의 백열등으로 설치하고, 소소(昭昭)한 그림과 난 화분, 이 세 가지를 빠짐없이 구비해야 한다. 이것은 가정의 화합과 부(富)를 일으키는 한 방법이다.

집 안의 기운이 소통하는 곳에 부피가 큰 물건이나 굳이 필요하지 않은 물건이 놓여 있다면 곧장 치우는 것이 좋다. 이는 사람의 몸 가운데 심장이나 얼굴 등 중요한 부위에 돌덩이를 올려놓아 혈관을 짓누르는 것과 같다. 집 안이 좁아도 될 수 있으면 실내 공간을 남겨두고 공기 중의 기를 받을 수 있도록 자주 환기를 해 주는 게 좋다. 또 할 수 없이 빈방이 있다면 말끔히 청소를 하고 낮에는 문을 열어 두어 나쁜 기운이 방에 쌓이지 않도록 해야 하며, 창은 항상 맑게 유지해야 한다.

집의 구조상 방문들이 한 곳으로 몰려 있거나, 같은 복도에 늘어서 있으면 기의 흐름이 원만하지 못해 가정의 화목을 깨트릴 수 있으므로 이럴 때는 사람의 시선이나 각 방문들이 만나는 복도 벽면에 적당한 화분을 놓아 충돌을 완화해야 한다.

베란다에 안 쓰는 물건을 두는 것은 상관없지만, 안방이나 수험생 방 바로 옆에 있는 베란다에 물건을 쌓아 두면 정보의 흐름을 파악하는 기운이 흐트러지므로 주의해야 한다. 조명은 전등의 갓이 있는지, 켜지지 않는 전구는 없는지 확인하고, 집 안에서 제일 어두운 곳은 흉한 기운이 머무르지 않도록 전등을 설치해야 한다. 침방 외에는 가능한 한 조명을 밝게 하고, 특히 현관을 맑고 밝게 해야 한다.

풍수에서는 사주팔자보다도 대지의 정기와 집에서 받는 운수가 더 강하다고 해석한다. 인간이 아무리 노력해서 돈을 벌어도 자신이 머무르는 집의 기운이 불량하면 돈은 흩어진다는 것이다. 만일 그런 집에서 살고 있다면 이사를 가는 것이 좋지만, 그럴 수 없다면 풍수 인테리어로 금전운을 상승시켜야 한다. 은행 거래도 자신의 기질이나 이로운 방향에 있는 은행을 이용하면 저축은 늘고 지출은 줄어둔다.

인간들의 삶은 금전·자녀·사업 등의 문제로 바람 잘 날 없는 나날을 보낸다. 가족도 각 개인의 구성원이므로 가족이라는 한마음이 쉽게 흩어질 수 있는 게 요즘 세상 돌아가는 형편이다. 따라서 가족 구성원이 함께 모여 서로의 마음을 확인하고, 이런저런 얘기가 오가는 거실의 기를 열리게 하는 것은 가족의 화합과 친목을 도모하고 가족들의 세상살이를 결정하는 데 큰 영향을 끼친다.

가구의 배치

가구와 소품이 뒤섞여 어수선하면 가정의 불화가 일어난다. 현관을 통해 들어온 기와 집 안에 있는 기가 아우러져 조화를 이루어야 하는데, 복잡한 가구와 장식품은 기의 원활한 흐름을 차단한다. 너무 큰 화분, 불안정한 그림, 덮개가 벗겨진 천장의 조명등은 가족의 마음을 불안하게 하고 주변 사람과의 마찰을 일으키는 원인이 된다.

소파는 현관을 등지고 배치하는 것이 유익하고, 소파와 현관이 대각선을 이루고 있으면 기의 흐름이 순조롭다. 소파와 벽면 사이가 너무 넓거나, 현관을 정면으로 바라보고 있든지, 바로 뒤나 옆에 출입문이 있는 것은 좋지 않다. 가족이 많을 경우 공간에 여유가 있다면 소파는 가급적 기역자 형으로 배치해야 한다. 일자 소파를 배치할 경우 나란히 앉아 텔레비전 시청만 하다가 각기 자신의 방으로 들어가 버리는 삭막한 분위기가 연출될 수 있기 때문이다. 색상은 튀는 것보다는 안정감을 주는 것이 무난하고, 바둑판처럼 가로 세로 줄이 진 무늬나 날카로운 무늬는 피해야 하며, 소파나 의자는 가급적 창을 가리지 않도록 배치토록 한다.

거실에 융단을 깔 경우에는 현관에서 실내 쪽으로 길게 이어지도록 하면 기의 흐름이 원활하고, 벽면에 박제된 동물의 머리 부분이나 뻐꾸기 시계 등 돌출이 심한 장식은 좋지 않다. 튀어나온 모양 자체가 기의 흐름을 막아서 장애를 일으킨다. 테이블은 목재로 된 원형이나 직사각형 모양이 유익하다. 유리나 대리석은 경제적인 여유가 있는 사람은 관계가 없지만, 갓 사회에 진출한 초년병들한테는 과거가 연상이 되어 어울리지 않는다.

거실은 TV·컴퓨터 등의 전자 제품이 모여 있는 곳이므로 전자파로 인한 기의 손실을 막기 위해 실내 장식이 긴요하다. TV나 에어컨 등은 모서리를 이용하여 대각선으로 설치해야 기의 흐름이 원활하며, 부드럽게 구부러진 선의 흐름이 좋은 난초를 주위에 놓아 나쁜 기운을 제어하고 중화시켜야 한다.

거실 천장의 등은 백열등을 이용하고, 천장을 향한 간접 조명 방식을 택하는 것이 좋다. 조명을 모두 끈 채 TV만을 켜놓고 가족들이 모여 있거나, 간접 조명만을 켜놓고 생활하는 것은 근심이나 걱정되는 일을 부르는 꼴이므로 삼가야 한다. 또 천장 가운데에 인테리어 조명을 위해 철재 빔 같은 것을 설치하는 일이 있는데, 이것은 천장을 분할하여 기의 소통을 차단하므로 좋지 못하다. 책상이나 소파·에어콘 등을 사용하지 않는다고 해서 덮개로 덮어 두면 안 된다. 오랜 기간 덮어 놓으면 흉한 기운이 발생하여 실내에 나쁜 영향을 미치므로 그대로 놔두고 항상 깔끔하게 청소해야 한다.

아이들의 방

작금의 경쟁 사회에서 최고의 걱정거리는 자녀 문제이다. 그것은 성실하게 일군 가정의 행복이 자녀의 탈선이나 교육 문제로 인하여 깨지는 일이 비일비재하기 때문이다.

유년기에 선정된 알맞은 수리와 방위적 길흉으로 인한 기의 작용은 자신도 모르게 좋은 생각·행동·습관으로 이어져 성인이 되어서도 그 영향을 미친다. 따라서 자라는 아이들에게는 먼저 안정된 분위기를 만들어 주어야 하는데, 그러기 위해서는 방문을 열고 들어갔을 때 앞면에 수수한 화분을 놓아두거나 차분한 그림을 걸어두는 것이 좋다. 어두운 색조의 벽지나 가구 또는 난해한 추상화 등은 아이들 방에는 맞지 않다. 책장의 책은 가지런히 세워서 정리하는 것이 기의 소통에 유리하다.

방의 배치는 일반적으로 주역 팔괘에 의해 아들 방은 동쪽 또는 북쪽, 딸 방은 남쪽이나 서쪽 식으로 배치하는데, 이보다 중요한 것은 자신의 타고난 사주팔자 곧 음양오행의 원리에 부합하는 곳을 선택해야 한다는 것이다. 예를 들면, 丙화 일주가 午월에 출생하고 사주의 간지에 화의 기운이 왕성하다면 이 아이의 방은 서쪽이나 북쪽 방향으로 배치해야 한다. 이외에도 가구·소품의 위치, 금전과 행운의 출입구, 벽지·커튼의 색상까지도 자신의 명에 들어맞는 것을 선정해야 한다.

수비학의 이론

수를 이용하여 미래를 예지하는 서양식 점술인 수비학(數秘學)의 관점으로 유추할 때 숫자 8은 물질적인 풍요로움을 부르는 수리이다. 따라서 8번지의 주소나 8호집에 살고 있다면 재물을 끌어모으기가 수월하다는 것이다.

자신의 집 주소에 어떠한 의미가 담겨 있는지를 알아 보려면 주소나 번지의 수를 한 자리의 숫자가 될 때까지 합산하는 방법이 있다. 예를 들어, 번지수가 390번지 405호일 경우 3+9+0+4+0+5=21이고, 2+1=3이면 결과는 3이 된다. 그러면 이 집은 수리 3의 특성과 성질을 갖추고 있다는 것이다.

수리뿐만 아니라 문자를 더하는 방법도 있는데, 자신만의 풍수 회로(回路), 그리고 인생살이의 모든 현상은 그에 가장 어울리는 수와 가장 도전적인 수를 가지고 있다. 앞서 말했듯이 8은 부유함과 가장 잘 어울리는 수이고, 숫자 7은 가장 도전적인 수이다. 그러나 7은 영적인 감응과 연관된 수리이기 때문에 물질적인 풍요로움과는 한 발자국 거리가 멀다. 지금까지 살아왔던 집의 주소를 기억한다면 그 집이 어떤 속성을 가지고 있었는지 헤아려 보라. 만일 집을 두 채 이상 소유했다면 더 많이 거주하는 집 주소의 수리가 보다 강력한 힘을 발휘한다.

담장과 울타리

담장과 울타리는 주택의 품위와 주인의 인격을 나타낸다. 《삼국사기》에 의하면 신라에서는 담의 높이를 6두품은 여덟 자, 5두품은 일곱 자, 4두품 이하와 일반 백성들의 집은 여섯 자가 넘지 못하게 규정했다는 기록도 있다. 집에 비해 담을 높이 쳐서 집이 담에 눌릴 경우 빈곤해질 상으로 보는 것은 상식에 속한다.

풍수지리에서는 담장이 가족의 운세에 큰 영향을 미친다고 생각한다. 명리학에서는 높은 것은 양(陽), 낮은 것은 음(陰)으로 보는데, 반대로 주택의 담은 높은 것을 음상(陰相)으로 간주하고 있다. 이는 상대적인 원리로서 담이 높으면 집이 작아 보이고, 역으로 담이 낮으면 집이 커 보이기 때문이다. 결국 집과 담이 조화를 이루어 기의 흐름이 원활해야 한다는 것이다. 그러나 바람이 통할 수 있는 울타리나 담장은 비교적 높아도 흉하게 보지 않는다. 따라서 어떠한 이유로 담을 높이해야 할 필요가 있는 경우, 집이 평지에 위치했을 때는 대략 1.5m 정도는 벽돌이나 시멘트로 담을 쌓고, 그 이상의 높이는 벽돌 한 장 정도의 구멍을 군데군데 뚫어놓거나 철제나 나무판자를 이용하여 바람이 통하도록 설치하면 음상을 면할 수 있다. 집터가 평지이거나 대문 설치의 조건이 무난하면 반 차단·반 통풍형의 담이 이상적이고, 요철(凹凸)이 심한 집터는 통풍형의 담장이 양호하다. 만약 집터가 평지라면 담이 좌청룡과 우백호의 역할을 하기 마련이므로 가장 이상적이다. 또 통풍형 울타리는 결점인 먼지와 소음을 차단하지 못하는 것 외에 방한상의 문제점도 염려해야 한다. 그렇다고 집의 벽 가까이에 담이 있다거나 높다고 해서 방풍에 효과가 있는 것은 절대 아니다. 도리어 골목바람이 생겨 더 추울 수도 있고 그늘을 만들어서 한기를 더 할 수 있으므로 집의 구조와 방향은 매우 중요하다.

정원수

담장과 집의 부조화를 보완하는 것이 정원수이다. 자연을 축소하여 정원에 옮겨 심기를 좋아하는 일본인들은 나무와 화초를 사랑해서 키우다 보니 사람과의 길흉 관계에도 비교적 그 이론에 발전해 있다. 환경과 생활 습관에 따라 이견이 있을 수 있겠지만, 그들의 쌓은 지식을 소개하면 다음과 같다. 첫째, 집의 중심에서 보았을 때 북동쪽과 남서쪽에 있는 거목은 좋지 않다. 그러나 관목은 지장이 없다.

나무는 낮과는 반대로 밤에는 인간에게 해로운 탄산가스를 배출하기 때문에 나무가 침실 가까이 있는 것은 좋지 않다. 나무가 밤에 내보내는 유해 가스가 창문이나 출입문을 통해서 침실로 들어오면 수면 중인 사람에게 나쁜 영향을 주기 때문이다. 또 너무 큰 나무가 집 가까이 있는 것을 금기시하는 이유는 햇볕을 가려 채광에도 문제가 있고, 여름철에 잎이 무성하면 해충이 모여들 염려도 있으며, 뿌리의 성장력이 활발한 거목의 경우 집의 기초에 무리를 주어 기반을 약하게 할 수도 있을뿐 아니라, 땅의 생기를 모두 흡수하므로 사람들이 생기를 적게 받을 우려가 있다.

실학의 거두 다산 정약용 선생의 〈산림경제편〉을 보면 집 안의 큰 나무를 금기로 하는 대목이 있다. 과목이 무성하여 가옥의 좌우를 덮으면 질병의 원인이 될 우려가 있으므로 꺼려했고, 또 큰 나무가 처마에 닿거나 대문 가까이 있음도 기피했다. 주택의 조건이 자연 상태에 있었던 예전에는 채광이나 통풍을 가로막고 낙엽이 주택에 해를 입힌다고 생각하여 경계한 듯하다.

전해 내려오는 민속 신앙에는 큰 나무가 집 안에 있으면 땅이 말라서 윤기가 없고, 스스로 영기를 품어 사람에게 해를 준다는 말이 있다. 나무를 숭상하고 나무의 기가 강해지면 사람이 기를 빼앗긴다고 생각한 탓이다. 둘째, 향나무는 담장을 따라서 심는 것이 유익하고, 소철·파초 등의 음성 식물은 한두 그루 정도는 무난하지만 많으면 불길하다. 난초·백합·장미·라일락 등의 방향성 화초목은 어디에 심든 관계 없이 좋은 영향을 미친다.

셋째, 우물가에 오동나무가 있는 것은 흉하며, 구기자나무는 길하다. 사철나무나 대추나무, 감나무·대나무·홰나무 등은 어디에 심어도 무방하다. 특히 홰나무는 잡귀의 접근을 막아주는 수호목이라 하여 집 안에 많이 심는다. 서북방에 있는 거목은 일단 수십 년간 그 자리에서 자라난 것이라면 비록 집 근처에 있다 할지라도 베어서는 안 된다. 이는 집주인에게 재변이 생긴다고 여기기 때문이다.

방위에 의한 초목의 길흉을 논하면, 현재는 묘목이라 해도 나중에 거목으로 자랄 수 있는 나무가 북쪽에 있으면 상속이 순조로운 좋은 집이 된다. 물론 이때 집터는 넓어야 하고 담은 통풍이 잘 되어야 한다. 북쪽 담장에 회화나무가 죽 늘어선 집도 썩 좋다. 동쪽에 매화나무가 많은 집에서는 당대의 문장가가 나올 가능성이 높고, 또 이 방위의 큰 나무는 흉하지만 관목은 상관이 없다. 매화나무나 대추나무를 동남쪽에 심으면 길하고, 뽕나무나 오동나무도 적당한 거리를 유지하면 길하다.

좁은 정원에 침엽수나 플라타너스와 같은 활엽수가 있으면 햇볕을 가려 집이 그늘지게 되므로 채광상 어느 종류이든 크게 될 나무는 남쪽에 심으면 흉하다. 그러나 매화·구기자·대추·목단 등과 같은 나무들은 채광에 큰 영향을 끼치지 않으므로 무방하다. 서쪽은 해가 지는 방향이므로 대체로 큰 나무가 길하다. 소나무·떡갈나무·느릅나무·감나무·석류·대추나무 등이 아주 좋다.

집과 조화를 이루고 돋보이게 하는 모든 초목은 거주하는 사람들의 기분을 시원하고 유쾌하게 할 뿐 아니라, 심신에 좋은 영향을 주어 호운을 보강해 주는 수호목이다.

음택의 길흉

풍수지리에서 음택(묘터)의 길흉을 논할 때 가장 먼저 보는 것은 산의 지형이다. 산세의 길흉을 판단하여 기의 유무를 구별한다. 그 다음은 묘터 부근의 물이 맑고 깨끗한지를 가린다. 명당에는 청계수(清溪水)·장강수(長江水)·만호수(萬湖水) 등이 서로 기맥을 통함으로써 후손도 이에 따라 길하게 된다는 것이다. 명당터는 산·물·바람·토질·암석 등으로 구분한다.

바람에도 흉풍과 길풍이 있다. 맑고 순한 바람은 길풍이며, 흉풍은 탁하고 강하다. 알려진 명당에 가 보면 거의가 정풍·화풍·훈풍·온풍이 상합하여 사람이 있기에 편안하고, 흉지는 살풍·음풍·광풍·질풍이 일어 사람이 머무르기에 불안하다. 또한 바람은 색깔로도 구별하는데, 흉색은 탁하게 보이는 바람이고, 길색은 맑게 보이는 바람이라고 여기고 있다.

생토(生土)는 말 그대로 살아 있는 흙으로서 단단하고 융기가 있으며 지기의 조화가 잘 되어 있는 데 반해, 사토(死土)는 생기나 윤기가 없음은 물론이고 조화도 이루어지지 않았다. 이런 토질을 유추하여 산의 생사 변화를 가름한다.

산과 물, 바람 등이 주관적인 관찰에 치우칠 수 있는 가능성 때문에 그 길흉도 각각의 의견이 있겠지만, 돌과 흙은 길흉의 확실한 증거가 된다. 이 중에서도 돌은 길흉의 결정적인 의미를 나타내고 있다. 돌은 사람이 임의로 만들어 세운 석물도 길흉의 의미를 지니고 있으며, 자연석일 경우에는 그 심도가 더욱 크다.

자연석은 묘소를 중심으로 보았을 때 전후좌우 어느 위치에 속하는 방향과 어떠한 형상을 하고 있느냐에 따라서 길흉을 다르게 판단한다. 암석의 경우에는 누운 돌은 무난해서 길상으로 보지만 서 있는 것은 흉상으로 간주한다. 특히 좋지 않은 방향에 위치해 있거나 뾰족해서 창끝같이 날카로운 바위가 묘자리를 향하여 찌르는 것같이 배치되어 있으면 불길하다. 또 돌의 높이가 한 자 이하는 상관이 없지만 두 자 또는 석 자 이상 되는 돌은 반드시 길흉의 유무를 확인하여야 한다.

특히 암석의 생김새나 모양을 중요시하는 것은 그 형상에 따라서 거기에 맞는 기운이 내재 되어 있다고 보기 때문이다. 호랑이의 형상은 호랑이의 기상이 있고, 쥐 모양은 쥐의 기질이, 돼지 모양은 돼지의 의미가 암장되어 있다고 유추하는 것이다. 모든 물체는 기(氣)와 이(理)가 있는데, 그 기와 이는 내부적으로 기맥 상통한다는 이치로써 암석의 길·흉의 유무를 판단한다.

사람 바로 보기

數理醫學

사람 바로 보기

사람은 겉모습만 보고는 알 수가 없다. 그 속마음을 꿰뚫어 보아야 참된 인간임을 알 수가 있다. 물질문명이 발달한 요즈음 인간의 겉모습이 언뜻 보기엔 사람같이 보이지만 그 내면에는 금수만도 못 한 생각을 갖고 있는 불한당 같은 파렴치범이 적지 않으니 얼마나 안타까운 일인가. 그러므로 어질고 착하지 못한 것의 차이점은 겉모습에 있지 않고 오직 그 사람의 마음에 달려 있으므로 스스로 깨달아 좋은 심상을 가질 수 있도록 부단한 노력을 기울여야 한다. 따라서 마음을 잘 닦아서 심상을 좋게 쓰면 마음은 행하는 것이므로 그 행위가 음덕으로 작용하여 자연스레 몸과 마음에 스며들어 자신도 모르게 겉으로 드러나는 인체의 모든 것들을 변하게 한다.

상법은 본디 마음의 상을 보는 것이다. 그 까닭은 마음은 인간 자체의 뿌리가 되는 것이므로 마음을 살피면 선악을 구별할 수 있고, 행동을 관찰하면 재화와 복록의 깊이를 알 수 있기 때문이다.

심상의 작용

겉으로 보기에는 잘났음에도 불구하고 빈곤하게 생활하며, 오히려 그 반대의 경우가 복록을 누리는 경우도 적지 않다. 이것은 단순하게 외면적으로 보아서 잘났거나 못났을 따름이지 부귀빈천의 수요까지 외모만 보고 판단할 수는 없다. 물론 인체에서 얼굴은 가장 중요시 된다. 미학적인 관점으로 봐서도 잘생긴 사람은 총명하고 부귀하며 그렇지 않은 사람은 우둔하고 빈천하게 생각할 수 있겠으나 이는 겉으로 봐서 잘생기거나 못생겼을 따름이지 복록의 한계까지는 미루어 생각할 수 없다. 그것은 오직 그 사람이 지닌 내면의 상이 좋고 나쁨에 따라서 복록의 한계를 구별할 수 있고 부귀빈천의 수요를 예측할 수 있기 때문이다.

고대 중국 상법의 대가인 마의 선생은 "상은 형상이 있으나 마음은 형상이 없다. 그러나 형상이 있는 상을 무형의 마음이 좌우지 하므로 그 마음에 따라서 상은 변화한다"고 설파하였다. 보이지 않는 무형의 마음이란 사람의 마음가짐·행동·처신·처세 등 무형적인 흠결의 유무에 따라서 외모와는 다르게 운세가 변환한다는 것이다. 심상을 추정할 수 있는 방법을 정리하면 다음과 같다.

1) 부귀하게 태어났으나 스스로 빈천해 지는 심상

● 권력과 재산을 남용하고, 공갈협박으로 약자를 위협하여 이득을 취하는 자는 음침하고 흉악한 사람으로써 뜻밖의 재난으로 변사할 사람이다.

- 호언장담을 잘하고, 노력없이 일확천금을 얻으려는 자는 백 가지 중에 한 가지도 이루는 일이 없어 반드시 곤궁할 사람이다.
- 비리로 재산을 모으고, 명예와 이익을 위해서는 수단과 방법을 가리지 않는 자는 결국 패가망신할 사람이다.
- 거짓말을 잘하고, 경솔하며 쓸데없는 말을 함부로 지껄이는 자는 가까운 장래에 재앙을 당할 사람이다.
- 겉으로는 도량이 넓고 인심이 후한 듯하면서 뒤로는 명예와 이권을 탐하는 자는 소인배이며 반드시 배신하는 사람이다.
- 낯빛이 자주 바뀌고 즐거울 때 처량한 표정을 짓는 자는 박복하여 운마다 막힘이 많은 사람이다.
- 자신의 장점을 자랑하고 남의 단점을 드러내는 자는 그릇이 작아 대성하기 어려운 사람이다.
- 성질이 불같아 참을성이 없는 자는 장수하지 못하고, 남의 인권을 함부로 유린하는 자는 급살맞아 죽을 사람이다.
- 은혜를 잊고 사소한 원한만을 생각하며, 고집이 세어 자기 주장만 내세우는 자는 그릇이 작아서 크게 성공할 수 없는 사람이다.
- 인내심이 없어 성급하고, 일이 없이 항상 바쁜 자는 복이 오래가지 못하고 하루도 편한 날이 없는 사람이다.
- 남이 잘되는 것을 배 아파하고, 욕심이 많아서 자기 만족을 모르는 자는 현재 부자일지라도 늙어서 굶어 죽을 사람이다.
- 권세에 아부하고, 성을 내야 할 때 도리어 웃는 자는 음흉한 자로써 마침내 신의를 저버리는 사람이다.
- 겉으로는 환대하고 위로하면서 궁할 때에 찾아가면 냉대하는 자는

비정하여 기어코 남에게 손해를 입히는 사람이다.

● 자신이 한 말이나 일에 대해 책임을 회피하고 타성과 나태에 젖어 있는 자는 결국 패망을 자초하는 사람이다.

● 도박이나 사행성 오락에 빠져 헤어나오지 못하는 자는 일생 피죽도 빌어 먹지 못할 사람이다.

● 남의 여자나 남자를 탐하고 술독에 빠져 나오지 못하는 자는 제 목숨대로 살지 못하고 비명횡사하는 사람이다.

좋지 않은 행동을 하는 사람이 한때는 잘되는 것처럼 보이는 것은 촛불이 마지막 타들어 갈 때 큰 빛을 발하는 것과 같이 한순간이므로 만에 하나라도 부러워하지 말라. 그 마음이 불행의 씨앗을 만든다.

2) 빈천하게 태어났으나 스스로 부귀해지는 심상

● 자신의 현실을 이치에 맞게 판단하여 자중할 줄 아는 자는 후에 크게 성공할 사람이다.

● 어려운 상황에 처해도 침착하게 대처할 수 있는 자는 초년은 궁해도 말년에 형통할 사람이다.

● 필요한 만큼만을 취하고, 만족함을 아는 자는 복록이 무궁한 사람이다.

● 음덕을 쌓고 적선하기를 좋아하는 자는 자손에게 영화가 있을 사람이다.

● 희노애락을 밖으로 표현하지 않는 자는 반드시 목적을 이룰 사람

이다.

● 죽을 처지에 있는 사람을 구하여 사는 길로 인도하는 자는 그 덕이 하늘에 미쳐 자손이 귀하게 될 사람이다.

● 부모에게 효도하고 형제간에 우애가 있는 자는 집안의 재산이 날로 불어날 사람이다.

● 참을성이 있고 남을 용서하는 아량이 있는 자는 명예가 충천할 사람이다.

● 나라와 운명을 같이 하는 자는 후대에 이름을 보전할 사람이다.

● 남에게 양보할 줄 알고, 말없이 실천하는 사람은 마침내 성공할 사람이다.

그렇다면 부자는 다 나쁘고, 가난한 자는 다 좋다고 생각할 수 있겠으나 그건 그렇지 않다. 이는 힘이 없는 무능력한 사람을 착취하고 권력과 유착하여 비리로 부정축재 한 사람을 일컫는 말이지 자신이 열심히 노력하여 정직하게 돈을 버는 사람은 수억만금의 재산을 모아도 관계가 없다. 까닭은 부정축재한 돈은 더럽게 쓰이지만 정직하게 번 돈은 깨끗하게 쓰여지기 때문이다. 이를테면 혹 국 내외의 지덕(智德)한 부자들은 자선단체에 기부도 넉넉히 하고 솔선수범해서 세금을 더 내겠다고 야단법석이 아니던가.

심상 비결

상법은 본디 마음의 상을 보는 것이다. 이유는 마음은 인간 자체의 뿌리가 되는 것이므로 마음을 살피면 선악을 구별할 수 있고, 행동을 관찰하면 재화와 복록의 깊이를 알 수 있다. 옛 성인들의 심상비결을 정리하면 다음과 같다.

- 좋은 일이 있거나 큰 손해를 봤을 때 정신도 놀라지 않고 얼굴빛조차 변하지 않으면 큰 일을 맡길 수 있는 귀한 사람이다.
- 기쁘거나 화나는 일을 당해도 얼굴빛에 나타나지 않으면 큰 공을 세우는 사람이겠지만 이 중에는 간사하고 악독한 사람도 있으니 이를 조심해야 한다.
- 어지러운 난리가 났더라도 평상시와 같이 편안한 마음을 가진다면 그 사람은 담력이 크고 식견이 너그러운 위인이다. 만물을 처리하는 데 있어 항상 자신의 마음에 뜻을 품고 있으면 평생동안 믿어온 바람이 있어 후에는 크게 성공하리라.
- 화를 내야 할 때 허허 웃어대는 사람은 노년에 이르러 아주 간사한 일을 할 것이고, 자기의 착함을 남에게 자랑하기를 좋아하면 복명에 대해서 희망이 없을 것이며, 자신의 잘못을 책망하는 것을 가볍게 여기는 사람이 있다면 그와 더불어 일을 할 수가 없고, 남의 그릇된 일을 지적하기를 즐거워한다면 목숨이 손상될 것이며, 기뻐하고 성냄이 늘 죽 끓듯이 하면 마음이 진중하지 않으니 한 가지 일도 성공할 수 없다.

● 큰일을 처리할 때는 너무 급하게 서두르지 않아야 하고, 어떠한 동기를 발견해서 사업과 학문을 넓히는 것은 높은 재주를 가지고 일찍이 자기의 모든 역량을 드러내어 명진사해 할 것이다.

● 지나치게 강하고 잔꾀에 능한 사람은 이기는 것을 탐하기 때문에 앞으로 나아갈 수는 있지만 결국은 진실이 드러나 재화와 손상이 크므로 완전함을 보존할 수 없고, 남을 불쌍히 여기며 자비의 마음과 선하고 어진 마음을 가진 사람은 어떠한 난관을 만나도 구원을 얻을 수 있다.

● 자기 분수에 만족하는 것과 자만하는 것은 같을 수가 없으니 자만하는 사람은 한편으로는 자랑을 하면서 재앙을 받는 경솔한 사람이고, 스스로 만족함을 아는 것은 겸손한 것이므로 복을 받게 되는 것이다. 큰 재주가 있는 사람과 보통의 용렬한 재주를 가진 사람은 다른 것이니 용렬하면 곧 허랑방탕한 짓을 하다가 실패가 많고 큰 재주가 있으면 진실로 해서 성공할 수 있다.

● 사치하고 화려한 사람 중에도 기인이 있고 방탕한 사람이 있으므로 반드시 그 사람의 재능을 확인해야 할 것이며, 천하고 인색하며 부지런하고 노력하는 사람 중에서도 부자가 되거나 고통스럽게 사는 사람의 구별이 있는 것이므로 반드시 그 사람의 도량을 관찰해 봐야 할 것이다.

● 어렵게 지나간 시절의 일을 쉽게 잊어버리는 사람이라면 비록 재주가 있다 한들 어찌 성공할 수가 있겠으며, 일을 할 때 힘이 들더라도 원망하거나 투덜대지 않는다면 감히 어려움을 견딜 수 있는 사람이므로 후에 기둥이 될 수 있는 큰 재목이다.

● 부모 형제나 이웃의 은혜를 잊어버리고 교만하면 성공하기 어려우며 혹여 부자가 되고 출세했더라도 오래가지 못한다. 또 아무리 큰 부자이거나 집권자일지라도 상대방의 마음을 움직이지 못하면 그 복이 길지 못하고 반드시 패망한다.

● 남의 전답이나 임야 같은 부동산을 거저 줍듯이 헐값에 사면 결코 지키지도 못하고 자녀가 그것 때문에 실패를 하며, 여색을 탐닉하여 음주가무에 빠져 방탕하면 슬하의 자녀를 망치게 된다.

● 돈이란 삶의 중심이 되는 것이지만 너무 드러나게 좋아해서는 안 된다. 가히 돈의 씀씀이로 부자의 됨됨이를 구별할 수 있으니 이로써 그 사람의 도량을 알 수 있다.

고서의 상법에서 이르기를 사람의 얼굴은 거울과 같아서 제 아무리 숨기려 해도 선한 것과 추한 것이 그대로 드러난다. 사물의 이치를 깊이 성찰하여 성품을 바로 하면 비로소 얼굴이 환하게 밝아지리라. 무릇 정신과 기운이 맑고 깨끗하며 골격의 생김새가 청정한 사람은 부자도 되고 높은 벼슬을 할 수 있지만, 정신과 기운이 흐리고 탁하며 골격도 혼탁하다면 출셋길도 막히고 빈천하게 될 것이니 성공비결의 첫번째 덕목인 좋은 성품을 갖출 수 있도록 각고의 노력을 기울여야 할 것이다.

인체 판단의 요점

세상의 일이란 것이 사람과 사람이 만나는 것이므로 대인관계가 중요하다는 것은 새삼 말할 필요도 없다. 그러므로 상대방을 보고 그 사람의 상태를 파악할 수 있다면 사회생활을 영위하는데 큰 도움이 될 것이다. 인상 판단의 요점을 정리하면 다음과 같다.

외모로 판단하는 법

상학에 있어 골격은 한 평생의 영고성쇠를 나타내고, 기색은 현재 그 당시의 운을 나타내므로 골격으로 격국그릇을 보고 기색으로 작금의 운세를 관찰한다.

1) 첫 번째는 형상을 본다

형상이란 개개인의 체형, 골격, 살집, 걸음거리와 눈, 코, 입, 귀 등의 생김새나 윤곽을 관찰하여 그 가운데 어디에 특징이 있고 어디에 결점이 있는가를 찾아보는 방법으로서 맨 처음 눈에 띄는 모습을 말한다. 그리고 그 나타난 특징이나 결점을 보고 그 사람의 행운과 불운은 물론 지나온 과거와 다가올 미래까지도 예측할 수 있는 것이다.

초자연적인 개인 특유의 성품이나 운명은 신기하리만큼 자신의 얼굴이나 인체의 어느 부위엔가 반드시 어떠한 형태로 나타난다. 이러한 현상을 판단, 추리 등의 사유작용을 거치지 않고 직접적으로 파악하는 작용이 즉 상법이다. 따라서 사람마다 내면에 감추어져 있는 성품이나 운명을 판단하는 데는 먼저 얼굴이나 모습에서 그 단서를 찾아야 한다.

2) 두번째는 활기생기를 본다.

활기란 인간이 활동하는 데 필요한 기개나 기운을 말한다. 인간이 살아서 활동하는 동안 인체내의 에너지는 힘차게 박동하고 있다. 그리고 그 에너지의 힘이 하나의 기운으로 분출되어 어떠한 형태를 이루고 다시 외면에 나타나는 상태를 곧 활기라고 한다. 이와같이 활기는 사람마다 각 개인의 얼굴이나 인체의 어딘가에 외적 형상을 통하여 반드시 나타나게 되어 있다. 그러므로 이 활기를 감시하지 못하고 형상만을 본다면 그 사람의 운명은 물론 성품의 변화까지도 전혀 간파할 수 없다.

사람의 인체에 활기가 있을 경우 건강하여 병마가 침입할 여유가 없고 현재의 행운에도 영향을 미쳐 가도가 중흥하는 일가의 번영을 가져올 수 있다. 이와 반대로 활기가 없을 경우 인체가 허약하게 되고, 사업적으로는 실패를 초래하여 곤궁한 처지에 놓이게 된다. 이렇듯 활기를 주의깊게 관찰하면 그 당시의 운세가 어떠한가를 정확하게 알 수가 있다. 이 활기는 문구만으로는 표현이 난해하므로 여기에서는 해설에만 그치고 후에 기색편에서 자세히 논하기로 한다.

사업에 실패하여 재산을 잃거나 직장에서 해고 당하고 사랑에 속아 연애에 실패하는 등의 정신적 충격을 받으면 외면적으로 활기를 잃고 얼굴색도 나빠져서 저절로 초췌한 형상이 되어 불행의 나락으로 빠져들게 된다. 그러나 현재의 생활이 궁핍하고 실연을 당했다 할지라도 마음을 굳게 먹고 사리를 너그럽게 판단하는 여유로운 심경으로 행동한다면 점차 좋은 인상으로 얼굴이 변하여 불행을 행운으로 돌리는 것은 당연한 이치라 하겠다. 이렇듯이 평소에 인상을 좋게 가지면 이에 따라 운도 잘 피어나 자연스럽게 행운을 잡게 된다.

얼굴로 판단하는 법

얼굴은 인간이 한평생을 살아가기 위해 대인관계나 처세 등의 역할을 하는 데 으뜸이 되는 부위로서 사람의 길흉화복과 성패득실을 따지는 데 중요한 역할을 하는 곳이다. 청년기에는 그 정신력을 부귀로 보고 장년기에는 기색으로 영화를 삼으며 부녀자는 바르고 단정한 것을 귀격으로 친다.

- 사람을 사귈 때는 반드시 눈을 보라. 눈은 마음의 거울이므로 착하고 악함이 모두 이곳에 영상화되어 눈을 통해서 나타나기 때문이다.
- 눈빛이 뱀과 같이 차고 독하며 눈동자가 붉은 사람은 가까이 하지 마라. 결국은 화를 당한다.
- 눈이 큼직하면서 밖으로 튀어나오고 성내는 것 같은 사람은 신뢰가 부족하며 극단적인 사람이므로 중요한 일은 함께 논의하면 안 된다.
- 눈이 움푹 패이고 흐린 듯하면서 옆으로 기울게 보는 사람은 바르지 못한 자이다.
- 눈이 반쯤 감은 것 같고 반은 뜬 것 같으며, 눈동자를 두리번거리거나 졸음이 오는 것 같고 눈 알이 튀어 나오거나 닭눈같이 생긴 자는 반드시 도둑질 할 사람이다.
- 눈빛이 빛나고 윤택하며 광명이 있는 사람은 부자도 되고 귀한 벼슬을 하는 사람이다.
- 눈동자가 검은데 그 검은 점이 옻칠한 듯이 검으면 귀가 밝고 총명하여 한번 보면 잘 잊어 버리지 않는 슬기로운 사람이다.
- 눈동자가 파랗거나 푸르면 아주 영악한 사람이므로 영리를 목적으로 하는 거래시에는 실수가 없도록 경계해야 한다.
- 눈이 가늘고 길쭉하면서 깊으면 성공도 하고 오래 사는 사람이지만 성품은 간사하고 편굴한 자이다.

● 눈이 깊으면서 둥글고 검은 자위가 많으며 흰 자위가 적은 사람은 총명해서 세상만사를 모두 통달하는 사람이다.

● 눈에 광명이 있어서 번개와 같은 섬광이 있는 사람은 귀한 벼슬을 하는 사람이고, 붉은 실핏줄이 눈동자를 꿰뚫고 있으면 악사하게 되는 사람이다.

● 눈은 성난 눈도 아니되고, 눈자위에 실과 같은 금이 있든지 붉은 빛을 띠고 있어서는 안 되며, 눈이 흰 빛이 많아서도 안 되고 검은 빛이 많을수록 좋다.

● 눈이 가늘고 깊으며 도둑질하려는 것 같이 주변을 자꾸 돌아보고 살피는 사람은 간악한 도적이고, 눈이 크고 돌출하면 흉하고 모진 사람이다.

● 시선이 항상 높은 곳을 향하고 있는 사람은 뜻이 높다. 눈을 멀리 바라보고 있는 것 같으면 뜻도 멀리 미치고, 눈이 바른 사람은 마음도 바르며 눈이 기운 사람은 마음도 기울고 간사하며, 눈이 착하고 좋은 사람은 마음도 착하고 좋지만 눈이 악하게 보이는 사람은 마음 역시 그러하다.

● 눈을 기울게 흘려보는 사람은 질투하는 마음을 품고 생각하는 것이고, 밑을 돌아보는 사람은 남모르게 의심을 하는 성품이다.

● 귀함을 알려면 상대방의 눈을 보라. 눈에 힘이 없고 눈알이 붉든지 흰자위가 많은 사람은 대귀할 수 없고, 만약 귀하다면 단명한다.

● 부함을 알려면 코를 보라. 코가 얼굴에 비해 너무 작고 틀어졌거나 코 끝이 칼끝처럼 뾰족하고 콧구멍이 뻥하게 보이는 사람은 돈을 모을 수 없다.

- 코 전체의 모양이 낮으면서 엷고, 콧구멍이 위로 들리워 있으면 고독하고 가난하다. 또 콧등이 갈고리와 같이 얇게 되어서 매부리와 같으면 악하고 재물을 탐하는 사람이다.

- 콧등이 원만하고, 콧구멍이 너무 우러러 보이지 않으며 노출해서 드러나지도 않고, 양쪽 콧방울이 서로 상응해서 알맞으면 부자가 되고 귀한 벼슬을 한다.

- 콧속이 보이지 않고 콧구멍이 손가락 하나가 들어갈 정도로 넉넉하면 총명영리한 사람이며, 콧속이 보이지 않고 콧구멍이 너무 좁으면 답답하고 융통성이 없는 사람이다.

- 관록을 알려면 이마를 보라. 이마가 간을 엎어 놓은 듯이 꽉 차고 흠이 없이 맑으면 귀한 벼슬을 한다.

- 머리가 둥글고 이마가 방정하면 나라의 충신이 될 것이며, 머리가 위로 솟아 오르고 이마가 서 있는 것 같은 형상이면 상장군의 지위에 오를 것이고, 이마가 깎아 세운 것 같이 뾰족하면 결단코 관직이 없을 것이며, 머리가 편벽되고 이마가 좁은 사람은 재산을 크게 모을 수 없다.

- 식록을 알려면 입을 보라. 입이 두툼하고 입술의 선이 선명하여 그 빛이 선홍색으로 붉은 사람은 식복이 좋아서 평생 곳간의 양식이 풍족하다.

- 입이 커서 주먹이 들어갈 정도이면 식록과 영화가 있고, 입술이 소의 입술 같이 두툼한 사람은 현인이며 특별한 부덕은 없더라도 성품이 순수하다.

- 입이 크더라도 기울었거나 엷으면 빈천하다. 말을 하지 않으면서도

입이 실룩거리니 배가 고프고, 입이 늘 열려 있고 이가 보이면 신장의 기능이 약하고 기가 약하며 입이 뾰족하면 가난하고 천하다.

● 쥐의 입과 같으면 남을 헐뜯고 질투하며 입이 볼을 부수는 것 같으면 고독하고 가난하다. 또한 쥐의 입처럼 좁으면 식록의 복이 없고, 입이 넓으면 먹을 것이 사방에 널린다. 입에 구슬을 머금고 있는 것 같이 붙어 있으면 천하고, 개의 입과 같이 입의 양쪽 구석이 밑으로 처지면 빈천하다.

● 수명은 그 사람의 신혈을 본다. 평소에 정신이 부족하고 얼굴의 혈색이 먼지가 낀듯 희끄무레한 사람은 장수할 수 없다.

● 자손은 인중을 본다. 인중이 대쪽같이 선명하고 길며, 그곳에 흠이 없고 윤택한 사람은 반드시 귀한 자식을 둔다.

● 현재 운세를 얻어 득의했지만 얼굴빛이 처량한 듯 쓸쓸하게 보이는 사람은 선부후빈하고, 궁핍한 처지에 있으면서도 얼굴빛이 온화한 사람은 먼저는 곤궁해도 말년에 이르러 편안할 사람이다.

● 털이 부드러운 사람은 성질이 유하고 털이 뻣뻣한 사람은 성질이 강하다.

● 코의 모양이 좋으며 큰 것은 길하되 얼굴에 비해 너무 크면 만년에 고독해진다.

● 명성은 귀를 보라. 귀가 두텁고 희고 맑거나, 붉은색으로 귓밥에 열매가 맺힌 사람은 한때 이름을 드높힐 사람이다.

● 귀가 희고 자줏빛을 띠고 있으며, 윤기가 있는 사람은 귀명이다.

● 귀가 밝고 자줏빛이나 붉은색을 띠는 사람은 부명이다.

● 눈썹에 광채가 나고 윤택하며 검청록색을 띠고 있으면 반드시 합

격의 기쁨이 있다.

● 눈을 아래위로 뜨면서 자주 흘겨보는 사람은 기회주의자이며 자기 중심적인 사람이다.

● 신중하게 자신의 의견을 정리하여 느릿하게 말을 하는 사람은 일면 무능하게 보이지만 중년에서 말년으로 갈수록 운세가 트이는 형이다.

● 코끝이 아래로 향한 사람은 속내를 털어놓지 않는 자이고, 코끝이 위를 향해 있는 사람은 비밀을 유지하지는 못하는 개방적인 사람이며 비틀어진 코는 교묘한 꾀는 많으나 하는 일에 기복이 심하다.

● 얼굴에 비해 코의 크기가 작은 사람은 부자로 태어나도 재산을 파할 상이다.

● 얼굴은 눈·코·귀·입 등이 서로 균형이 맞아서 조화를 이루어야 상격이다.

사람을 판단할 때 눈으로만 보려 하지 말고 상대가 풍기는 동정·말투·냄새·음성 등을 살피면 그 사람의 과거·현재·미래를 예측할 수가 있다. 이는 많은 경험이 필요하겠으나 항상 정신을 맑게 몰두하면 그 묘리를 터득할 수 있다. 또 사람을 감정한답시고 상대를 너무 뚫어져라 바라보면 큰 결례를 하는 것이므로 조심스럽게 머릿속으로만 그려 감지해야 하며, 공연히 옳고 그른 곳을 찾아서 쓸데없이 논하지 말라. 다툴 일이 있을까 두렵고 자신의 음덕도 삭감된다.

관운이 최상격인 사람의 형상

목소리는 넓은 종소리와 같이 웅장하면서, 음성의 끝부분은 높이 올라가고, 눈의 모양은 하늘의 별빛처럼 빛이 나며 머리생김은 자라가 머리 위에 올라앉아 있는 것처럼 두터웁고, 두 귀는 머리에 붙어 있는 것같으며, 양 뺨의 관골은 높이 솟고 인당은 풍만하다. 이마의 양면 일월각은 솟아나고 코의 양쪽 콧방울은 윤곽이 분명하며, 눈썹이 채색과 같이 진하다. 몸에서는 좋은 향기가 나고 입은 주먹이 들어갈 만큼 커야하며 배꼽의 크기도 자두 하나가 들어갈 정도로 커야 한다. 거동할 때는 청룡과 백호가 움직이는 것 같이 호걸스럽지만, 고요할 때는 커다란 산악을 세운 듯 육중한 무게가 있어야 한다.

관운이 상격인 사람의 형상

이마는 간을 하나 덮어놓은 것 같고, 코는 쓸개를 매달아 놓은 것 같으며, 눈빛은 번갯불과 같고 입은 붉은 주사와 같이 불그스레하며, 눈썹은 천장까지 이어지도록 길고, 두 귀는 눈 위에 붙어야 하며, 사람은 작더라도 목소리는 커야 한다. 형체의 기이함은 아름다운 구슬과 같고 정신이 맑고 청정해야 하며, 범이 울창한 산의 수풀 속에서 밖으로 나오는 형상이어야 하고, 학이 닭의 무리에서 우뚝 서 있는 모습이어야 한다.

관운이 있는 사람의 형상

이마가 벽을 깎아 세운 것 같고 눈썹은 비를 세워둔 것 같으며 목은 길쭉하면서 둥그러워야 하고 발은 짧으면서 두터워야 한다. 입은 방정하게 모나야 하고 인당은 넓어야 하며 관골은 솟고 모발은 준수해야 한다. 손바닥은 짧고 손가락은 길쭉해야 하며 앉은 자세는 산과 같고 걸음걸이는 물 흐르듯 해야 한다. 정신은 용맹스러운 백호가 수풀을 나오는 것 같이 기개가 있어 여러 짐승들이 말 없이 항복하는 것 같은 위엄이 있어야 한다.

재물운이 최상격인 사람의 형상

몸의 형체는 두툼하고 넉넉하며 목소리는 맑고 웅장하여 북소리가 진동하는 것 같고 비록 소리가 작더라도 옥구슬이 굴러가듯 맑은 물이 흘러가듯 청정해야 한다. 입의 양끝은 천창을 향하여 위로 올라가고, 귀 전체의 윤곽은 입과 조회하는 것 같다. 앉아 있는 모습은 못을 박아 놓은 것처럼 묵중하고, 일어나는 모습은 뜬구름과 같이 가볍고 자연스러워야 한다. 형체와 정신이 현묘함을 갖추고 있으면 자연히 창고에 모든 것이 풍부하고 가득한 부를 누린다.

재물운이 상격인 사람의 형상

얼굴 모양은 모나지 않고 두터우며, 등의 생김새는 풍부하고 허리는 넉넉하여 입의 생김은 넉사자와 같다. 목소리는 항아리 속에서 울리는 것과 같고 걸어갈 때는 큰 배가 천천히 움직이는 것 같으며 오관(눈·코·입·귀·눈썹)이 바르고 방정하며 육부(이마의 좌우 변두리 뼈, 좌우관골 즉 좌우광대뼈, 좌우턱뼈의 여섯 부분을 지칭한다)는 충만하게 솟아오르고, 두 손바닥은 심히 두터워야 하며 손가락은 물이 새 나가는 느낌이 없어야 한다.

재물운이 있는 사람의 형상

이마는 쇠나 다듬잇돌과 같이 단단하게 생겨 있고, 귀는 장기알과 같이 생겼으며 눈은 밝고 왕성하다. 천창(눈썹끝부터 머리털이 난 부분)은 가득하고 꽉 찬 느낌이며 코끝의 준두는 우뚝하니 솟아오르되 풍부하고 두터워야 하며 목소리는 맑고 힘이 있어야 한다. 손등과 발등의 근육은 두텁고, 피부는 고우며, 사람의 앞과 뒤의 형상이 균형을 이루어야 한다.

장수하는 사람의 형상

사람의 상정 부위가 길쭉하면서 머리 부위의 피부가 너그러워야 한다. 눈을 보면 정신이 살아서 생기가 나타나고, 허리가 꼿꼿하며 목소리 또한 명랑하게 울려야 하겠지만, 목에 주름이 있고 귀에 털이 나 있는 것에 의하여 수명에도 상·중·하의 분별이 있다.

총명하고 슬기로운 사람의 형상

이목구비(오관)가 밝고 선명하며 정신이 청정하게 살아 있어야 한다. 피부는 고와야 하고 치아 역시 고르며 깨끗하게 나야 하고, 손가락도 길쭉하게 빼어 나야 하며, 기이한 형체나 청정한 모양의 구별에 따라 대소의 차이를 가름한다. 지혜의 등급이 상·중·하의 세 가지가 있다고 한다면 이런 관점에서의 다소로 구분할 수가 있다.

대저 정신과 기운이 맑고 깨끗하며 골격의 생김새가 청정한 사람은 높은 벼슬을 하고 부자도 될 수 있지만, 정신이 흐리고 기운도 탁하며 골격도 혼탁하다면 가난하고 구차하게 될 것이다.
부귀한 사람들의 형상을 보면 대체로 그 모습이 새나 짐승의 형체를 띠고 있는 사람이 많다.

목소리로 판단하는 법

음성과 말투로써 그 사람의 품격을 가늠한다. 기운이 중중하면 정신도 맑고 그에 따라 목소리도 화평하여 깊게 울려 퍼진다. 기운이 부족하면 정신도 흐릿하고 목소리도 성급하고 가벼워 여운이 없다.

소리의 힘과 청탁에 의하여 귀천·성패를 알 수 있다.

● 소리가 맑고 음성에 힘이 있는 사람은 반드시 크게 성공한다.

● 소리가 탁하고 특히 말의 끝이 흐린 사람은 반드시 실패한다.

● 말의 끝이 처음은 웅장하나 시간이 흐를수록 말끝이 희미한 사람은 모든 일이 시작은 좋으나 끝에 가서는 폐망한다.

● 말이 떨린 듯 처음은 약해도 말의 끝이 힘이 있는 사람은 시작은 힘이 들어도 종국에는 반드시 성공한다.

● 몸은 작으나 소리가 웅장하면 높은 지위에 오르고 몸이 크고 소리가 작으면 단명한다.

● 목소리가 작아도 맑고 청정하며 소리의 음이 한결같으면 부귀한다.

● 빠르게 말하는 사람은 성격이 조급하여 마음도 안정되지 못하고 생각하는 것도 조잡하다.

단전은 소리가 나오는 근원이며, 세 치 혀는 소리가 발해져 나오는 기틀이다. 근원이 깊으면 표현도 진중하고 근원이 옅으면 표현도 가벼워진다. 그러므로 귀인의 음성이란 단전에서 울려 나와 심기가 서로 통하여 밖으로 울려 퍼지는 것이므로 마음이 바르고 깊이 있는 사람은 그 마음과 함께 자연스레 말도 고상하다. 결론적으로 성공하는 이의 소리는 단전에서 나오고 평생 불운하며 어둡게 지낼 사람의 소리는 입 안에서 맴돈다는 것을 명심할지어다.

습관으로 판단하는 법

습관이란 오랫동안 반복하여 몸에 익어 버린 행동으로서 그만큼 자신의 속마음을 솔직하게 드러내는 것이다. 따라서 무의식중에 하는 행동과 습관으로 그 사람의 성향을 분석할 수 있다.

- 이야기할 때 얼굴색이 자주 변하는 사람은 생각도 복잡하고, 눈동자가 불안정하게 좌우로 움직이는 사람은 속마음이 정직하지 못하다.
- 어떤 논의를 하거나 일을 끌어감에 있어 감정표현을 잘 하지 않는 사람은 계획이 치밀하고 빈틈이 없어 그 마음을 남이 알기 어렵고 도량과 재간이 크다. 그러나 사심이 있다면 여러 사람 잡는다.
- 말할 때 미간을 찡그리는 사람은 만년에 고독하고, 눈꺼풀을 자주 깜빡이는 사람은 허약하며 성질이 급하다.
- 눈을 감고 말하는 사람은 마음에도 없는 아첨을 태연하게 하면서 잇속을 챙기는 데 능하고 몰인정하다.
- 말을 할 때 입술을 핥거나 아랫입술을 이빨로 깨부는 습관이 있는 사람은 거짓말을 잘하고 허영심이 많다.

- 목소리가 낭랑하며 여운이 있는 사람은 기지와 계책이 풍부해서 중년 이후에는 성공한다.
- 상대의 눈을 똑바로 바라보고 분명히 말하는 사람은 바탕이 정직한 자로서 중년 이후에 높은 신망을 얻는다. 그러나 자만심이 강해 독선적인 일면도 있다.
- 끈끈한 정이 있는 것처럼 말하는 사람은 음모가 있으므로 경계하는 것이 좋다.
- 혼잣말을 잘하는 사람은 외롭고 고독한 사람으로 자신의 운세를 기울게 한다.
- 음식물을 차분하게 조용히 먹는 사람은 운세가 좋다. 그러나 음식을 입 안에 던져 넣듯이 게걸스럽게 먹는 사람과 고개를 쭉 빼밀고 먹는 사람은 모두 일생 운세가 없어 빈한하다.
- 의자에 앉으면 머리털을 자주 만지거나 다리를 툴툴 터는 사람은 빈천한 사람이다.
- 침을 아무 데다 뱉는 버릇이 있는 사람은 조심성이 없는 사람으로 처음엔 부유하다가도 갈수록 쇠락해진다.
- 남모르게 독한 기운을 가진 사람은 기분 상하는 대화를 할 때에도 웃음을 머금고 이야기하는 사람이다.
- 성격이 급해도 말이 명쾌한 사람은 순한 사람이다.
- 여성이 말을 할 때 조리 있고 명료하며 침착하게 표현하면 귀한 부인이다.
- 가슴을 펴고 반듯하게 걷는 사람은 사회적·가정적으로도 행복하고 운세도 왕성하다.

- 배꼽 아래 단전에 기운이 충만하여 걸음을 가볍게 걷는 사람은 인내심이 있고 만사에 대처하는 능력이 뛰어나 실패가 없는 자이다.
- 고개를 쳐들고 걷는 사람은 현실과는 맞지 않는 몽상가이다.
- 고개를 숙이고 걷는 사람은 소심 우울하고 가정적으로 불운한 천격이다.
- 종종걸음을 걷는 사람은 침착성이 없으며, 신념도 없고, 언제나 쫓기듯이 세상을 사는 자이다.
- 자꾸만 뒤를 돌아보며 걷는 사람은 의심이 많은 성격으로 소심하면서도 허황되게 큰소리를 치는 거짓말장이다.
- 같은 여자와 지나치면서 뒤돌아보는 여성은 확신과 성의가 없고 열등감이 강한 사람이다.
- 언제나 걸음은 무거운 듯 질질 끌며 걷는 사람은 재물운, 애정운 등 모든 행운이 미약한 자이다.
- 엉덩이를 뒤로 쭉 빼고 걷는 사람은 만사에 끈기가 없고, 엉덩이를 흔들며 걷는 사람은 무지하고 천격이다.
- 어깨를 끈덕끈덕 흔들며 걷는 사람은 자기중심적이고 무정하며 한평생 애고가 많은 자이다.
- 손톱을 깨물어 뜯는 사람은 신경이 예민하여 항상 불안·초초하고 근심·걱정이 떠나지 아니한다.

자신의 운명은 습관에 의하여 형성이 된다. 곧 생각이 행동을 만들고 행동이 습관을 만들며 습관이 운명을 바꾼다고 하지 않던가. 그러므로 운명을 바꾸려면 생각을 먼저 바꿔야 한다. 바른 생각이 바른 행동과 바른 습관을 만들고 나아가서는 운명을 바꾸게 하는 것이다.

외모만으로는 본심을 알 수가 없는 법이다. 조심성이 없는 사람은 감정을 스스럼없이 표현하고, 좋은 일이든 나쁜 일이든 이야기하는 경향이 있다. 그러나 산전수전 다 겪은 노련한 사람이라면 결코 좋고 싫은 감정을 겉으로 드러내지 않는다. 따라서 겉만 보고 좋지 않은 인물을 좋은 인물로 평가하거나, 반대로 좋은 인물을 멀리하는 일조차 있다. 그러므로 사람을 판단하는 데는 인간의 본성 속에 이 사람은 어떠한 일면을 가지고 있는가를 간파해야 사람을 바로 볼 수 있다.

본편의 사람 바로 보기의 내용을 숙지하여 표면은 군자인 체하고 꾸미고 있는 상대의 인물을 바로 판단하고 통찰하여 손해를 보는 일이 없길 바란다.

인상으로 판단하는 법

인상은 성품에 의해 변화한다. 가령 신경질적인 사람은 신경질적인 면이 얼굴에 그대로 나타나고, 만사 여유로운 사람은 얼굴 표정도 여유롭게 나타난다. 사람의 운명도 이에 편승하여 오랫동안 가난에 찌들어 불행, 재난 등의 고통이 연속되면 자신도 모르는 사이에 얼굴은 빈상으로 변하는 것이므로 평소에 인상을 좋게 가질 수 있도록 노력하다 보면 행운은 저절로 찾아 오는 것이다.

눈을 부릅뜨고 어금니를 꽉 깨물어 성난 표정을 자주하는 사람은 결국은 그 표정이 고정되어 눈에 가시가 돋게 된다. 어려서 불행하게 자란 사람에게 이런 현상이 엿보이는데 남에게 호감을 주지 못하고, 음울하고 성격이 삐뚤어진 사람으로 오해받기 십상이므로 자신이 이런 인상이라면 즉시 개선해야 한다.

우는 상은 짓지 않아야 한다. 줄곧 슬퍼만 하고 있는 사람은 표정이 어두어져서 상대에게 좋은 인상을 주지 못한다. 표정 자체가 움직여 그 사람의 운명을 스스로 정해 버리는 결과이다. 아무리 미인이라도 미인으로 보이지 않을 것이고 남자라도 최저의 인상이 된다. 그러므로 될 수 있는 한 즐거운 표정을 지어야 하겠다. 그것이 당신의 인상을 좋은 상으로 이끌어 남에게 호감을 주는 상으로 변환하게 할 것이다. 인간들의 삶은 독불장군은 없고 반드시 타인의 도움이 필요하다. 그때 당신에게 귀인을 불러들이는 요소가 명랑하고도 활기찬 웃음이 있는 얼굴인 것이다.

마음의 움직임을 전혀 내보이지 않는 경우가 있다. 즉 고착화된 얼굴이다. 이런 표정은 곧 버릇이 되어 고정이 되는데, 오히려 화난 표정이나 우는 표정보다도 좋지 않은 아주 고약한 인상이다. 만약 이런 인상의 소유자를 만나면 깊은 교제는 삼가지 않으면 안 된다. 까닭은 자기들에게 이득이 없다면 태연하게 가차없이 잘라내는 인상의 얼굴이기 때문이다.

얼굴의 균형

얼굴의 좌우는 언뜻 보기엔 똑같은 것처럼 보이지만, 자세히 관찰하면 절대로 그렇지 않다. 다만 얼굴의 눈·눈썹·귀 등이 좌우 대칭으로 되어 있어 다소의 불균형을 보충하고 있는 것이다. 다행스럽게도 좌우의 균형이 눈에 띄지 않는 정도라면 그 얼굴은 언뜻 보기에도 아름다울 뿐 아니라 안정된 상태를 주어 장래의 운세도 양호하게 된다.

눈과 눈썹, 귀·광대뼈의 좌우가 크고 작거나, 높고 낮음이 없이 얼굴의 좌우가 반듯하게 균형이 잡힌 사람은 성격도 원만하고 운세도 안정이 되어 좋은 복록을 누린다. 그러나 반대로 코가 비뚤어져 있거나 턱이 구부러졌다거나 양쪽의 관골광대뼈이 높고 낮거나, 귀의 좌우 크기가 한쪽이 치우치게 달라서 얼굴의 좌우가 불균형을 이룬 사람은 선천적으로도 운이 몹시 박약하여 초년에 부모를 일찍 여의거나 혹은 중년에 발전력이 저하되고 부부생활에도 파경에 이르는 등의 인생 전반에 걸쳐 장애가 일어난다.

사람은 누구나 제 인물 뜯어먹고 산다는 옛말이 있듯이 얼굴이 균형을 이루어 잘생긴 사람은 상대로부터 관심을 받게 되어 인생을 향유할 수 있는 확률도 그만큼 높아질 것이며, 균형이 맞지 않아 못생긴 사람은 보기에도 밋밋하고 순간적으로 멸시를 받을 뿐만 아니라 그 인생 역시 험난한 노정을 걷게 될 확률이 높다. 그리하여 어떻게 하면 상대방에게 잘 보일 수 있을까 해서 옛부터 오늘날에 이르기까지 발전해 온 것이 현재의 미용술이며, 마침내는 성형이라는 문명의 이기에 의해 인공적인 미인을 가공하기에까지 이르렀다. 그러나 아무리 빈천한 상일지언정 자기 분수를 미리 살펴서 헛된 욕심을 부리지 않고 근면 성실하게 처신하며 검소한 자세로 살아간다면 자기의 타고난 분수만큼의 삶을 영위할 수가 있다.

옛 격언에 큰 부자는 하늘이 내리고 작은 부자는 노력에 의하여 이루어진다는 말이 있듯이 누구나 큰 부자가 되고 싶지만 억지로 되는 일이 아니며, 아무리 빈곤한 상일지언정 자기 분수껏 행동하고 열심히 노력한다면 충분히 먹고 살 만큼의 재산은 모을 수 있으므로 얼굴이 나쁘다고 미용성형부터 할 게 아니라 본인의 마음자세부터 가다듬어야 할 것이다. 굳이 성형을 한다면 얼굴의 균형에 맞도록 무리하지 않게 해야 할 것이며, 의료사고도 다반사이므로 성형외과 선정에도 신중을 기해야 할 것이다.

인체에 의한 부귀빈천의 요점

사람의 상은 제각각 격이 정해져 있다. 성격을 이룬 자는 복록을 누리고 파격인 자는 재액이 닥친다. 부귀는 골격이 꽉 차고 얼굴이 청수한 데서 오는 것이며, 빈천은 골격이 허하고 혼탁한 데서 비롯된다. 분명한 것은 인물이 부귀빈천을 가름하는 중요한 위치에 있다는 것은 재론의 여지가 없다. 그러면 어떻게 생긴 사람이 부귀하고, 빈천한가의 요점을 정리하면 다음과 같다.

1) 부귀할 상

- 사람이 궁상이 흐르지 않고 용모가 준수하며, 성품이 활달하고 온화하며 명랑하면서도 위엄이 있어야 한다.
- 이마는 넓고 둥글며 두둑하게 솟아 마치 엎어놓은 간처럼 풍성하고, 빛은 밝고 선명해야 한다.
- 눈썹은 가늘고 수려하며 길어서 눈의 길이를 훨씬 넘어야 하고, 이마 방향으로 높게 올라붙어야 한다.
- 눈은 가늘고 길며, 흑백이 분명하고 검은 자위가 마치 칠을 바른 것처럼 반짝이며 너무 깊거나 앞으로 튀어나오지 않아야 한다.
- 코는 준두(코끝)가 풍만하고 둥글면서도 곧게 솟아 있으며, 크기는 얼굴과 균형을 이루어야 하고, 콧구멍이 보이거나 찌그러지지 않으며, 콧대는 반듯하고 양 콧방울은 서로 상응하여 코를 보호하듯 감싸 주어야 하며 빛깔은 맑고 윤택해야 한다.
- 입은 크고 단정하며, 입술은 두터우면서도 둔하지 않아야 하고, 입술은 그 빛이 붉어야 하며, 목소리는 맑고, 이는 희고 고르면서 가지런해야 한다.
- 관골(광대뼈)은 높이 솟되, 뼈가 붉거지지 않고 두터워야 하며 빛은 밝고 깨끗해야 한다.
- 인중(코의 밑과 입 사이에 오목하게 골이 진 곳)은 넓고 깊어야 하며, 길면서 곧아 기울지 않아야 하고, 위는 약간 좁고 아래로 갈수록 넓어지면 더욱 길하다.
- 턱은 모진 듯 하면서 둥글고 두터우며, 약간 앞으로 내밀어 있는

듯하고, 남자는 수염을 기른다면 수려하고 깨끗해야 한다.

● 귀는 크고 두터우며 높이 솟아야 하고, 귓바퀴도 크고 풍성하며 귀의 혈색은 선명해야 한다.

● 사람 몸의 형체와 모양은 전체적으로 균형이 바르고 살은 충만하며, 몸은 두터워야 하나 옆으로 퍼져서는 안 되고, 근육은 견고해서 충실해야 하며, 골격은 노출되지 않아야 하고 피부는 윤택하며 매끄러워야 한다.

귀상은 몸의 형체가 청수한 사람이 많고, 부상은 몸의 형체가 풍부한 사람이 많다. 그러나 정신이 풍족하면 몸의 형체가 부족할지라도 문제가 되지 않는다. 아무리 형체가 청수하고 풍후하더라도 정신이 부족하면 옳지 못하다. 이상의 열한 가지에 모두 해당되는 사람은 평생 복록이 무궁하고 부귀를 겸전한다.

2) 빈천할 상

● 사람이 궁상이 흐르고, 마음 씀씀이나 하는 짓이 좀스럽고 옹졸하며, 아름답게 치장을 하고, 예쁘고 멋진 옷을 입어도 용모가 어딘가 모르게 궁색하고 초라하게 보인다.

● 이마는 좁거나 뾰족하고 넓더라도 움푹 패이거나 흠결이 있으며 잔주름이 많고, 빛은 어둡고 흐릿하다.

● 눈썹이 너무 짙고 빽빽하거나 거칠고 거슬러 있어 이리저리 엉키고 산만하며 눈썹이 너무 없거나 짧아서 눈을 덮지 못하는 경우이다.

● 눈이 너무 짧고 작거나 붉고 누르죽죽하며, 붉은 힘줄이 침범하여

살과 얼켜 있고 눈동자는 흐리멍텅하여 광채가 없다.

● 코가 뾰족하고 비뚤어져 있거나, 콧대만 외롭게 솟아 박약하고, 굴곡이 있으며 콧방울은 살집이 없어 힘이 없고, 콧구멍이 환하게 들여다보인다.

● 입이 비뚤어지거나 뾰족하고 너무 크거나 작으며, 입술은 뒤집어지거나 기울고, 엷어서 입아귀가 힘이 없으며 빛깔은 검푸르거나 희누르스름하다.

● 관골이 살이 없어 뼈만 앙상하거나 불거지고 깎이거나 얕으며 관골이 옆으로 뻗거나 좌우가 고르지 못한 경우이다.

● 인중이 가늘거나 좁고, 짧고 얕으며 판판하여 골이 없고 가로·세로 주름이 많은 경우이다.

● 턱이 작고 가늘며 뾰족하고 옆에서 보면 비스듬히 내려가거나 뒤로 젖혀진 경우이다.

● 귀가 뒤집히거나 오그라져 있으며, 비뚤어져 있고, 양쪽 귀의 크기가 다르거나 너무 작으며, 커도 색깔이 죽어 빛이 없고, 귀의 윤곽이 불분명하다.

● 몸의 형상은 세소하고 추조하며 음성은 깨지는 것 같으면서 흩어지고, 정신은 사람을 겁내는 것 같고 혹 정신은 건강하더라도 살이 없어 뼈가 드러나든지 너무 비만하여 인체의 균형이 맞지 않으며, 말하고 대답하는 것이 넉넉하지 못하고 부족하면 고독하고 빈천하다.

아주 귀하게 벼슬하는 사람들의 형상은 그 생김새가 모두 최상격으로 비슷하지만 더 높은 자리에 오를수록 하늘의 부름을 받아야 한다. 그것은 인륜지대사로서 본래의 마음속에 쌓여 있는 심덕의 정사에 의해 그 사람의 운명이 결정되는 것이므로 천하를 제패하려거든 심상의 도량을 너그럽고 크게 가져야 한다는 의미이다.

연인의 운명

일양(一陽)·일음(一陰)의 기운은 그 도리를 어지럽힐 수 없다. 따라서 여인은 근본적으로 순수한 음의 기운에 있는 것이니 그 활용이 부드럽고 굳세지 못하므로 중정(中正)과 충화(沖和)의 아름다움을 얻지 못하면 거슬리는 형체가 되는 것이다. 그러므로 여인의 상을 판단할 때는 더욱 섬세한 관찰을 하지 않으면 안 된다.

1) 오덕(五德)을 갖춘 여인의 상

부인의 위엄이 후덕하고, 사사로이 말하는 음성이 돌 속에 운치가 나는 것 같이 맑게 우러나오며, 화급한 일에도 당황하지 않고, 고난중에도 상대를 원망하지 않으며, 생활속의 검소함이 몸에 배어 있는 것, 이와같이 다섯 가지의 덕성을 갖춘 여인은 심성이 바른 까닭으로 설령 신체 어느 부위가 흉하더라도 온갖 재난을 물리치고 도리어 복록을 받아 가문의 기운을 일으킨다.

2) 정숙한 여인의 상

● 검은 모공이 크고 사람을 첨시(瞻視)하는 모습이 바르고 분명하다.

● 언어가 맑으면서도 매정하지 않고 실상을 과장하지 않는다.

● 걸음거리가 단정하고 완만하며, 앉고 누울 때 한가하고 바르다.

● 눈동자는 맑고 겉으로 드러나지 않으며, 흑백이 분명하다.

● 웃을 때 교태가 나타나지 않고 행동이 차분하며 안정되어 있다.

● 성품은 굳셈과 부드러움을 겸하고 용모는 엄숙하면서도 인정이 있다.

● 정신과 기운이 맑고 화합하며, 피부가 깨끗하고 향기가 나는 듯 하다.

● 골격은 세밀하고 피부 전체가 매끄러우며, 얼굴은 각이 지지 않고 원만하다.

● 오관(눈·귀·코·입·눈썹)이 바르고 삼정(상정·중정·하정)이 균등하다.

● 입술은 붉은 빛이 나고 웃을 때 이가 보이지 않으며 치아가 고르고 깨끗하다.

● 눈은 수려하고, 눈썹은 길고 아름다우며 털빛이 윤택하다.

● 양관골이 살 속에 묻힌 듯하면서도 은근한 세력이 있고, 법령선은

선명하고 바르게 내려와 있다.

● 머리카락은 숱이 적당하면서도 윤기가 흐르고, 귀의 혈색은 곱고 두텁다.

● 이마는 둥글고 코는 반듯하며, 입술의 선은 선명하다.

● 어깨는 넓지 않으며 등은 곧고 둥글다.

● 입은 작고 단정하며, 입술은 선홍색으로 붉고 상하가 단정하다.

● 손가락은 섬세하게 가늘고 길며, 손바닥은 두텁고, 손금이 세밀해서 실과 같으며 빛은 깨끗하다.

이와 같은 여인의 심상과 형상은 선덕과 현숙함이 쌓여 있어 어떠한 역경과 고난 속에도 가문을 잘 보필하여 크게 집안을 융성하고 명성을 드높힌다.

3) 귀(貴) · 부(富)한 여인의 상

● 용모가 청수하면서도 몸가짐이 예법에 맞고 심덕이 두텁다.

● 눈동자가 안정되어 있고 항상 바르게 정시(正視)하며 검은 눈동자가 꽉 차 있다.

● 이마가 둥글고 흠이 없으며 현벽(귀 앞 부분)이 밝고 단정하다.

● 음성이 밝고 온화하면서 여운이 있다.

● 뼈와 살이 서로 알맞게 보완하고, 피부는 윤활하다.

● 머리카락은 까마귀 깃털처럼 윤택하고 눈썹은 가지런하며 눈보다

길다.

- 귀의 길이가 길고 두터우며 희고 밝다.
- 코는 옆으로 퍼지지 않고 반듯하며 콧방울이 분명하고 힘이 있다.
- 인중은 맑고 분명하며 식창과 녹창 부위가 두둑하다.
- 시골(볼따구니 턱뼈)에 살이 꽉 차 있으며, 관골과 서로 균형을 이룬다.
- 손바닥은 붉고 윤택하며 손마디는 바르고 섬세하다.
- 와잠(눈밑부위)이 맑고 평만하며 사고(四庫)가 풍만하다.
- 입술은 항시 붉고 이는 희고 밝다.
- 코를 중심으로 만면이 서로 조공(朝供)한 듯 상극(相剋)이 없다.
- 콧날이 똑바르게 일어나 있고 관골이 풍성하며 목소리는 부드러우면서도 힘이 있다.

이와 같은 여성은 마음이 심원하고 지혜가 무궁하여 일생 식복과 재복이 창성하며 권세와 덕성을 갖춘 귀·부한 명이다.

4) 흉(兇) · 악(惡)한 여인의 상

- 이마와 얼굴은 모가 져 있고, 입술은 뾰족하며, 음성은 깨어진 소리와 같이 고르지 못하고, 말은 반드시 먼저 앞서며, 심성과 인정이 시랑의 독기와 같아서 편벽되는 곳이 많다.
- 이마가 함하고, 턱이 뒤집어지고, 관골이 옆으로 불거지면 말로써

는 감당 못한다.

● 눈은 깊고 끝이 휘었으며, 코가 굽고 얼굴의 기상에 물이 흐르는 것 같으면 성품이 강강해서 자신의 남편도 극하고 자녀도 해롭게 한다.

● 눈의 모양이 고리눈이거나 사백안 또는 삼각모이고, 얼굴은 푸른 빛을 띠고 있으며 손은 추조하고 손가락은 짧다.

● 코끝이 뾰족하거나 콧등이 불거지고 굴곡이 있으며, 코의 길이가 짧고 콧구멍이 뻥하게 드러났다.

● 머리카락은 빛이 노랗고 곱슬머리이며, 눈썹털은 꼿꼿이 서 있거나 중간이 끊어져 있다.

● 머리숱이 없고 눈썹도 없으며, 몸이 굳은 것처럼 뻣뻣하고 목이 짧은 것 등의 상은 심상이 독하여 가문을 망치는 악한 상이다.

● 머리가 뾰족하거나 이빨이 밖으로 드러나 있으며, 입술의 빛이 항상 희고 검푸르며 입술이 위·아래로 말려 있거나 밖으로 뒤집혀 있다.

● 양 관골과 턱뼈만 크게 발달되어 있으며, 남상 같거나 이마는 한쪽으로 기울고 이가 밖으로 드러났다.

● 눈빛이 항시 붉고 눈주위의 찰색이 검게 되어 있으며, 와잠눈밑이 눈물봉지를 매달아 놓은 것처럼 아래로 처져 있다.

● 눈썹이 역으로 나거나 항상 산란하고 눈썹 중간이 끊어졌거나 눈썹이 아예 없다.

● 몸이 무겁기가 진흙과 같고 살빛은 혼탁하며, 몸은 비대하지만 뼈가 가늘다.

● 가슴이 넓고 목이 굵거나 관골은 높고 코가 죽어 있다.

● 얼굴에 기름기가 있고 몸에서 악취가 나거나 이마가 얕고 코가 뾰족하다.

● 음성이 쩌렁쩌렁 울리거나 남자의 목소리와 같고, 말끝이 흐리거나 음성은 깨지는 그릇 소리와 같다.

● 피부가 거칠고 뼈마디가 남자처럼 억세며, 성질이 급하기가 불과 같고 목소리는 징징 우는 소리와 같다.

● 천중(이마의 중앙)에 흉터나 세로금이 있으며 와잠 부위에 가로금이나 흉터 혹은 흑점이 있다.

● 인당 부위에 세로로 현침문이 있으며 콧등에 세로금이 나 있다.

● 머리나 이마에 가로의 횡문이 어지럽게 나 있고, 산근(눈과 눈 사이) 부위가 끊어졌거나 흉터가 있다.

● 턱이 송곳처럼 뾰족하거나 한쪽으로 틀어져 있고, 관골의 높이가 미구 즉 안각(眼角)보다 높으면 극부형자의 불길한 상이다.

● 슬픈 일이 없는데 눈물이 그렁그렁하거나 눈은 튀어나오고 목소리가 거칠다.

● 간문이 함하고 눈썹이 적거나, 간문이 부하게 내밀고 눈이 살기가 있어 쏘아보는 듯하다.

● 얼굴색은 희고 속살이 검으면 한때 영화를 누릴지언정 횡액을 당하기 십상이다. 중국 4대 미녀중의 한 사람인 양귀비가 그렇고, 50대 초반에 요절한 마이클 잭슨이 그러하다.

이와 같은 상의 여인은 일생 고난을 면하기 어려우며 남편복도 부족하지만 혹 자녀를 둔다 해도 걱정과 근심이 끊이지 않고 요절하거나 항시 적막하다.

5) 빈(貧)·천(賤)한 여인의 상

● 걸음걸이가 혼란스럽고, 앉았을 때 무릎을 흔들면서 멈추지 아니하며 허리가 기울어져 있고, 몸이 너무 부드러우며 양 눈의 빛이 정신이 없고, 말하고 대답을 하는데 음성이 없으면 그 사람의 수명을 연장하기 어렵다.

● 눈밑 부위가 나망의 그물과 같이 가로 세로 주름이 있거나, 초조하게 타는 것 같고 마른 나무와 같은 느낌이 있으며, 두 눈빛이 밖으로 드러나 있고 눈 꼬리가 아래로 축 처져 있으면 눈물이 마르기가 어렵다.

● 상대방을 옆눈으로 몰래 훔쳐보거나 혹은 곁눈질 하면서 고개를 숙인다.

● 혈색이 항상 어둡고 화색이 나지 않으며, 얼굴이나 피부의 희기가 마치 백분을 뿌린 것과 같고, 얼굴에 기미·주근깨가 많다.

● 살갗이 솜처럼 푸석푸석하거나 얼굴이 항상 떠 있어 부은 것과 같고 피부빛이 기름을 바른 것과 같으며, 얼굴에 도화빛이 가득하고, 피부에 실낱같은 가는 주름이 많다.

● 머리가 뾰족하고 이마가 깎여 있으며, 얼굴의 좌우 또는 이마가 움푹 패여 있다.

- 목소리가 물소리처럼 혼탁하고 웃음소리가 마치 말울음 소리와 같다.
- 손이나 머리를 자주 흔들고 한 걸음 걷는데 몸은 세번쯤 흔들린다.
- 오리걸음에 몸의 움직임은 안장다리와 같고, 걸을 때 머리가 발보다 먼저 나간다.
- 얼굴은 큰데 코가 유난히 작거나, 얼굴은 길고 눈이 놀란 토끼처럼 동그랗다.
- 머리는 큰데 머리털이 드물게 나 있으며, 머리가 틀어지고 이마가 좁거나 잔털이 많다.
- 이를 쑤시면서 옷을 만지작거리거나 혼잣말로 중얼거린다. (외로움과 불만의 표상)
- 말하기 전에 먼저 웃거나 손이 입으로 올라가고, 입술이 틀어졌거나 저절로 움직이며 턱을 두 손으로 받치거나 손톱을 깨무는 습관이 있고 입가에 세로 주름이 모여 있어 파문이 있다.
- 이야기하는 중에도 말을 여러번 멈추거나 말 한마디 하는데 세번 정도 끊긴다.
- 남의 말을 잘하고 비밀을 지키지 못하며, 타인의 말에 쉽게 동요하고 유혹되기 쉽다.
- 키나 몸은 긴데 유독 목만 짧거나 허리는 굵은데 다리는 가늘다.
- 어깨가 굵고 가슴이 딱 벌어졌으며 입술도 얇고 피부가 거칠다.
- 입술이 희고 얇으며 입술빛은 검고 푸르다.
- 이마는 넓은데 볼이 깊거나 관골과 시골턱뼈이 민악하다.
- 몸이 마치 간드러진 풍류와 같고, 편안히 앉지 못하고 몸을 뒤척거

린다.

- 성격은 변덕이 심해서 측량하기 어렵고, 마음이 하루에도 열두번 변한다.
- 배가 몹시 작거나 등이 움푹 패여 있고 발이나 발가락을 까닥까닥 자주 흔든다.
- 걸음걸이가 참새처럼 팔짝팔짝 뛰거나 서 있는 자세가 한쪽으로 기울어 있다.
- 노루머리에 귀는 쥐의 귀처럼 생겼으며 머리를 쭈그리면서 혀를 낼름거린다.
- 아무 일이 없는데도 혼자 깜짝깜짝 놀라고 허리를 들면서 한숨을 내쉰다.
- 행동이 넋 나간 사람처럼 멍하거나 사람을 대할 때 얼굴을 가린다.
- 혀끝이 뾰족하고 입술이 말려 있으며 쥐 이빨에 어금니가 빨아져서 날카롭다.
- 시도 때도 없이 음식을 먹고 군것질을 잘하며, 행동은 뱀과 같고 음식은 쥐처럼 먹는다.
- 눈을 감을 때 눈썹을 찌프리고 콧구멍이 자주 움직이거나 하늘을 향해 있으며 다리에 털이 많이 나 있다.
- 눈에 물기가 적셔 있고 눈동자가 항시 흐리며, 눈은 길게 한 일자와 같이 생겨 있다.
- 잠잘 때 움츠리고 자거나 혹은 남자처럼 다리를 쩍 벌리고 자며, 잠잘 때 꿈속에서 항상 울고 입은 벌리고 침을 흘리며 잔다.
- 눈에 흰빛이 많고 정신이 없으며 코가 나직하게 생겨 있고 바르지

못하다.

이상과 같은 상을 가진 여인은 매사에 장애가 따르고 구설이 많으며 마음이 산란하여 일관되지 못하므로 신의를 지키기 어렵고 남편의 속을 태운다.

6) 음란한 여인의 상

- 소리없이 부드럽고 정답게 눈으로 웃으면서 아무 목적도 없이 너무 인정이 농후하다.
- 걸을 때 머리를 흔들고 이마가 한쪽으로 기울어 바르지 못하다.
- 머리를 숙이고 웃으면서 말을 하는데 목소리가 들락날락하고 눈을 바로 보지 못하고 기울게 본다.
- 입술이 조개와 같이 헤벌쭉하게 벌어져 있으며 입술이나 입 주위에 항상 푸른 빛이 돌고, 입술이 촉촉이 젖어 있다.
- 눈빛이 물을 머금은 듯 너무 찬란하고, 양눈썹에 흠점이 있거나 눈썹 끝이 칼처럼 뾰족하다.
- 음성이 깨진 쇠북소리와 같거나 말하고 대답하는 것이 목구멍에 맺혀 있다.
- 홀로 문에 의지하며 서 있으되, 손으로 머리를 뜯고 의복을 자주 점검하며, 웃으며 말하는 것을 좋아한다.
- 남을 상대할 때 등지고 말하는 것 같고, 머리를 숙이면서 의복이나

옷깃을 만지락거리며 무릎을 흔들면서 말하고 대답한다.

● 아무일 없이 근심을 띠고 있는 얼굴이거나 잿빛과 같은 색이 얼굴에 가득하다.

● 얼굴빛이 오이처럼 푸르거나 얼굴을 위로 쳐들고 입술을 실룩거린다.

● 눈속에 검은 점이 있거나 어미와 간문에 가는 주름이 많고 눈밑 와잠 부위가 항상 검고 푸르다.

● 여자의 음성이 남자의 음성과 같고, 입은 큼직하면서 입끝이 밑으로 드리워져 있다.

● 앉아 있을 때 무릎을 흔들고 허리는 벌과 같이 가늘며 손으로 눈썹과 머리를 자꾸 만지작거린다.

● 눈이 끔찍하면서 어질지 못하고 눈썹모양이 하늘에 새로이 뜨는 달과 같으며 눈모양이 생글거리고 새우와 같은 눈동자를 가지고 있으며 눈이 곱고 눈웃음을 자주 친다.

● 이가 가지런하지 못하고 청색 또는 황색과 흑색을 띠고 있으며, 눈동자가 편벽되고 흉하며 뺨을 자주 만지고 아울러 손가락을 자꾸 깨문다.

흉악·빈천·음란한 상을 범한 여인은 매사에 장애가 따르고 구설이 많으며 남편과 자식의 운을 가로막아 형극의 인생 그대로 고독과 빈궁의 생활을 벗어나기 어렵다. 그러므로 여기에 해당하는 여성은 오덕(五德)을 다지고 갖추어서 닥쳐오는 액운을 피하도록 해야 한다.

여인의 운명편에서 논한 내용 가운데 행위·표정·습관 등은 남성도 동일하므로 본 내용을 참고하여 자신의 단점을 보완하고 가다듬어 악명을 호명으로 바꿔 살기 바란다.

외모만으로는 본심을 알 수가 없는 법이다. 조심성이 없는 사람은 감정을 스스럼없이 표현하고 좋은 일이든 나쁜 일이든 이야기하는 경향이 있다. 그러나 산전수전 다 겪은 노련한 사람이라면 결코 좋고 싫은 감정을 겉으로 드러내지 않는다. 따라서 겉만 보고 좋지 않은 인물을 좋은 인물로 평가하거나, 반대로 좋은 인물을 멀리하는 일조차 있다. 그러므로 사람을 감정하는 데는 인간의 본성 속에 이 사람은 어떠한 일면을 가지고 있는가를 간파해야 사람을 바로 볼 수 있는 것이다.

고서의 상법에서 이르기를 사람의 얼굴은 거울과 같아서 제아무리 숨기려 해도 선한 것과 추한 것이 그대로 드러난다. 사물의 이치를 깊이 성찰하여 성품을 바로하면 비로소 얼굴이 환하게 밝아지리라. 무릇 정신과 기운이 맑고 깨끗하며, 골격의 생김새가 청정한 사람은 부자도 되고 높은 벼슬을 할 수 있지만, 정신과 기운이 흐리고 탁하며 골격도 혼탁하다면 출세길도 막히고 빈천하게 될 것이니, 성공 비결의 첫 번째 덕목인 좋은 성품을 갖출 수 있도록 각고의 노력을 기울여야 할 것이다.

인간은 태어나면서부터 숫자와 연관성이 깊다. 주민등록 번호, 이름자의 획수, 자동차 번호, 일반 전화 번호, 휴대 전화 번호, 텔레뱅킹 번호, 학번, 군번, 은행 비밀 번호, 거주지의 집주소, 아파드 동·호수, 층수 등등 이루 헤아릴 수 없다. 더구나 타고난 생년·월·일·시를 기준으로 부여받는 주민 번호의 앞자리 수는 자신의 선천적 운명인 사주팔자에 해당한다. 그러므로 사람에게 부여되는 모든 수리는 자신의 타고난 음양오행의 기운과 합치가 되어야만 부침이 많은 인생살이에서 불행한 운을 피하고 만사여의의 행운을 거머쥘 수 있다. 따라서 이 책의 내용을 충분히 숙지하고 자신에 알맞은 고유번호를 선정하여 작금의 경쟁 사회에서 도태됨이 없이 반드시 성공하길 기원한다.

인생을 살아가는 최상의 방법은
물의 속성과 같이 살아가는 것이다.

현재의 시련과 고통을
극복할 수 있는 지혜서!

곽동훈의 주역

청암 곽동훈 역해 / 686쪽 / 정가 45,000원

운명이란 우리가 알지 못하는 현실의 부재 속에서
예측하기 힘든 곳으로 흘러가는 것은 항다반(恒茶飯)이다.
주역은 이러한 흐름을 파악하여 삶을 좀더 영위롭게 하기 위해
꼭 필요한 학문이라 할 수가 있다.

자신의 운명을 스스로
개척하는 자기계발서!

백100퍼센트
성공하는 방법

청암 곽동훈 지음 / 240쪽 / 정가 16,000원

이 글을 쓰게 된 동기는 필자가 수많은 사람들을 상담한 결과,
사주팔자나 관상이 아무리 좋아도 못사는 사람도 많았고, 관상·사주
팔자가 나빠도 의외로 삶을 넉넉하게 꾸려나가는 사람도 많았다.
그래서 긴 세월 이 사람들을 지켜본 결과, 인간사의 흥망성쇠는
반드시 사주팔자나 관상에 매여 있는 것이 아니고, 본인의 마음먹기·
습성·행동의 여하에 의해서 결정이 된다는 것을 알게 되었다.
이는 타고난 생년월일시인 숙명은 어찌할 수 없지만, 앞으로 닥쳐올
운명은 얼마든지 바꿔 새로운 인생을 살 수 있다는 뜻이다.
그리하여 이 책은 모든 사람들이 절박하게 급변하는 지금 이 사회에
지혜롭게 대처해 나가고 인생을 주도 면밀하게 살아갈 수 있게끔
필자의 경험 그대로를 정리하여 논하였다.

생활 수리학

1판 1쇄 인쇄 2017년 03월 20일
1판 1쇄 발행 2017년 04월 03일

지 은 이 侑琳 강경옥
감　　수 곽동훈
편집주간 장상태
편집기획 김원석
디 자 인 정은영, 김원석

펴낸이 김영길
펴낸곳 도서출판 선영사
주　소 서울시 마포구 서교동 485-14 선영사
TEL (02)338-8231~2　**FAX** (02)338-8233
E-mail sunyoungsa@hanmail.net

등　록 1983년 6월 29일 (제02-01-51호)

ISBN 978-89-7558-124-3　93150